陈 潭 主编

彭铭刚 刘建义 副主编

南方治理评论

第8辑

South China
Governance Review
(No.8)

社会科学文献出版社
SOCIAL SCIENCES ACADEMIC PRESS (CHINA)

主办机构　广州大学南方治理研究院

目 录

【南方报告】

【珠江书评】

【名家访谈】

日元汇率变动的根源

——汇率是冲击的吸收者还是冲击的始作俑者？

〔美〕安　莲/著　叶昱利　丁　宁/译[*]

摘　要：本文运用结构向量自回归（Structural Vector Auto-Regression，SVAR）模型，在长期和短期零约束条件下，对日元和美元汇率变动的根源进行了考察，发现在解释两国汇率变动时，真实冲击大于名义冲击，其中真实需求冲击是主要因素。汇率市场并非扰乱日本经济的主要根源。研究结果表明，日本的双边美元汇率是冲击的吸收者而非冲击的始作俑者。

关键词：日元汇率　真实冲击　名义冲击　结构向量自回归模型

引　言

已有较多的研究探讨了汇率变动的根源问题，可是对不同国家的研究结果却不尽相同，即使在同一国家内，研究结果也不尽相同。例如，Lastrapes（1992）、Enders 和 Lee（1997）通过在双变量向量自回归模型（Bivariate Vector Autoregressive Model）中给实际汇率的一般冲击加入长期中性约束条件，发现美国、日本、德国、意大利和加拿大的真实冲击导致了实际汇率和名义汇率的波动。Dibooglu 和 Kutan（2001）认为，在匈牙利和波兰，

* 安莲（An Lian），美国北佛罗里达大学经济系教授；叶昱利，广东白云学院社会与公共管理学院助理教授；丁宁，东北财经大学金融学院教授。

名义冲击的作用更大。Clarida 和 Gali（1994）在三变量 VAR 模型中加入长期递归约束条件，认为在英国、德国、日本和加拿大，需求冲击决定了汇率变动。Farrant 和 Peersman（2006）运用相同的 VAR 模型，在符号限制下，发现名义冲击对于相同国家组织作用更大。引起汇率变动的原因仍在探讨中并一直受到业界人士的关注。

其中，衡量影响汇率变动各种因素的相对重要性是亟须解决的重要问题之一。其原因有以下几个。第一，这是汇率模型的基础。Dornbusch（1976）提出汇率决定的"非均衡"模型以及其他关注解释实际汇率和名义汇率变动的名义干扰因素的重要性，而 Stockman（1987）提出的"均衡"模型主要依赖长期真实冲击解释汇率的变化。理解汇率波动的原因有助于正确选择汇率决定模型。第二，理解汇率变动的根源有助于衡量汇率在宏观经济调控中的重要作用并可评价汇率是冲击的吸收者还是冲击的始作俑者。毫无疑问，对于一个国家来讲，这是如何选择适当汇率机制的基本问题。

本文运用结构向量自回归模型分析了后布雷顿森林体系时期（Post-Bretton Woods），日元和美元汇率决定过程中真实冲击和名义冲击的相对作用。通过加入长期和短期零约束条件，我们发现，汇率波动主要有五个原因：石油供给冲击、生产性冲击、需求冲击、汇率冲击以及货币政策冲击。接着，本文使用不同冲击的脉冲响应函数检验汇率在日本经济中的作用，并且预测了汇率的误差方差分解。如果汇率上升（下降）对正向的不对称需求（供给）冲击很大，并且不对称需求（供给）冲击占汇率方差的比重很大，则汇率灵活性有助于稳定经济。但是，如果汇率主要受外汇市场冲击影响，这些冲击就会对产出产生很大影响，那么汇率可能是冲击的根源。

本文对日本汇率调整作用感兴趣是基于以下两个原因。其一，汇率是否为冲击的吸收者对于像日本这样严重依赖国际贸易、受外部冲击很大的国家十分重要；其二，过去十多年内，日本经济困境是战后工业发达国家中史无前例的。面对名义利率零约束，日本银行很大程度上依赖量化宽松政策，但是并没有达到保持持续经济增长的目标（Svensson，2003）。于是，很多学者建议日本政府使用汇率政策振兴经济，但这些建议并没有可靠的实证证据支撑。因此，识别汇率变化的根源以及其在稳定宏观经济中扮演的角色有助于政策决策者们根据汇率变动的程度制定相应的政策。

本文接下来的结构安排如下：第一部分探讨结构向量自回归模型的经济计量方法，第二部分报告实证分析结果，第三部分得出本文结论。

一　模型

本文所采用的模型具有以下几个主要特点。第一，本文将供给冲击分为石油供给冲击和生产性冲击，名义冲击分为货币政策冲击和汇率冲击。正如 Faust 和 Leeper（1994）所探讨的，只有在冲击以同样的方式明确地对变量产生影响时，将多重冲击汇总为一个冲击才是合适的做法。上述各种冲击的影响可能不同，因此，将上述冲击分开研究更为合理。第二，本文在模型中加入了短期和长期约束条件。事实上，长期约束主要用于区分总供给和总需求的冲击，而短期约束则用于识别货币冲击（虽然普遍认为货币冲击的影响需要很长时间才能显现）。运用长短期相结合的约束可为研究提供更可靠的多重结构预测。第三，本文运用实际汇率来捕获真实需求冲击，因此可以很自然地将实际汇率和名义汇率融入一个 VAR 系统内。已有的一些文献（Artis and Ehrmann, 2006；Alexius and Post, 2008）仅仅通过观测名义汇率对供求冲击的反应来分析汇率作为冲击吸收者的作用。然而，由于传导的原因，名义汇率和实际汇率对冲击的反应不同，特别是从长期来看。例如，当存在正需求冲击时，名义汇率上升，我们将得出汇率是冲击吸收者的结论。然而，在这种情况下，实际汇率却会下降，使得国内产品在真实条件下更便宜，并加剧而不是缓和正需求冲击。因此，只使用名义汇率并不能清楚地说明问题。另外，名义汇率和实际汇率，可以从两个角度估算汇率的作用，利用实际汇率对各种冲击的反应评估汇率是否为冲击吸收者将更准确；而考察名义汇率，可以识别汇率冲击并识别汇率是否是冲击的不稳定根源，即外汇市场是否导致了多种汇率冲击（Artis and Ehrmann, 2006）。

假定下列内生变量的向量 Y_t 包括油价（$\Delta Poil$）、日/美相对工业产出（ΔIP）、实际日元/美元汇率（ΔRER）、名义日元/美元汇率（ΔNER），以及日/美利差（ΔInt），则有如下表达式：

$$CY_t = \Gamma_0 + \sum_{i=1}^{n} \Gamma_1(i) L^i Y_t + \varepsilon_t \tag{1}$$

其中，C 是 5×5 同期矩阵，Γ_0 是常数向量，$\sum_{i=1}^{n} \Gamma_1(i)$ 是 5×5 矩阵的自回归系数，L 是滞后因子，除了两国的利率差外，其他所有变量都是取对数形式，而且所有的变量都是一阶差分变量，ε_t 是石油供给、生产性、需求、汇率和货币政策等的结构冲击，$\varepsilon_t = \left[\varepsilon_t^{oil}, \varepsilon_t^{s}, \varepsilon_t^{d}, \varepsilon_t^{e}, \varepsilon_t^{m}\right]'$。

公式（1）重组后变为：

$$Y_t = C^{-1}\Gamma_0 + C^{-1}\sum_{i=1}^{n}\Gamma_1(i)L^i Y_t + C^{-1}\varepsilon_t \tag{2}$$

将公式（2）简写为如下模型：

$$Y_t = G_0 + \sum_{i=1}^{n}Z(i)L^i Y_t + B\varepsilon_t \tag{3}$$

当 $G_0 = C^{-1}\Gamma_0$、$Z(i) = C^{-1}\Gamma_1(i)$ 和 $B = C^{-1}$ 时，$B\varepsilon_t$ 是简写模型残差的向量，而 B 则表示结构创新变量的同期反应。

公式（3）变形为：

$$\left[I - G_0 - \sum_{i=1}^{n}Z(i)L^i\right]Y_t = B\varepsilon_t \tag{4}$$

其中，I 是单位矩阵。反过来变成：

$$Y_t = \left[I - G_0 - \sum_{i=1}^{n}Z(i)L^i\right]^{-1}B\varepsilon_t = A(L)B\varepsilon_t \tag{5}$$

当 $A(L) = \left[I - G_0 - \sum_{i=1}^{n}Z(i)L^i\right]^{-1}$ 时，公式（5）可做如下表示：

$$\begin{bmatrix}\Delta Poil \\ \Delta IP \\ \Delta RER \\ \Delta NER \\ \Delta Int\end{bmatrix} = \begin{bmatrix}A_{11}(L) & A_{12}(L) & A_{13}(L) & A_{14}(L) & A_{15}(L) \\ A_{21}(L) & A_{22}(L) & A_{23}(L) & A_{24}(L) & A_{25}(L) \\ A_{31}(L) & A_{32}(L) & A_{33}(L) & A_{34}(L) & A_{35}(L) \\ A_{41}(L) & A_{42}(L) & A_{43}(L) & A_{44}(L) & A_{45}(L) \\ A_{51}(L) & A_{52}(L) & A_{53}(L) & A_{54}(L) & A_{55}(L)\end{bmatrix}\begin{bmatrix}b_{11} & b_{12} & b_{13} & b_{14} & b_{15} \\ b_{21} & b_{22} & b_{23} & b_{24} & b_{25} \\ b_{31} & b_{32} & b_{33} & b_{34} & b_{35} \\ b_{41} & b_{42} & b_{43} & b_{44} & b_{45} \\ b_{51} & b_{52} & b_{53} & b_{54} & b_{55}\end{bmatrix}\begin{bmatrix}\varepsilon_t^{oil} \\ \varepsilon_t^{s} \\ \varepsilon_t^{d} \\ \varepsilon_t^{e} \\ \varepsilon_t^{m}\end{bmatrix} \tag{6}$$

简写模型（3）是可预测的。然而，结构性冲击 ε_t 却无法识别。为了从公式（3）的相关系数预测中恢复结构模型（1），需要 24 个识别假设。其中 15 个来自具有单一方差的结构性误差的标准假设，并且是非相关的，即协方差 cov（ε）$= I$，其余限制如下所示。

假设石油供给冲击对系统内的其他变量具有同期影响，但其他冲击对石油供给却没有直接影响。这就会使 $b_{12} = b_{13} = b_{14} = b_{15} = 0$。同期外生石油供给变动的假设是正常的。根据 Blanchard 和 Quah（1989）的分析，还可假设纵向长期菲利普斯曲线，即需求冲击和名义冲击对实际产出水平没有长期影响，但是价格或工资刚性，却可能影响短期生产。因此，石油供给冲击和生产性冲击是对产出具有永久性影响的冲击。这些长期假设具有三个附加条件：

$$A_{21}(L)b_{13} + A_{22}(L)b_{23} + A_{23}(L)b_{33} + A_{24}(L)b_{43} + A_{25}(L)b_{53} = 0 \qquad (7)$$

$$A_{21}(L)b_{14} + A_{22}(L)b_{24} + A_{23}(L)b_{34} + A_{24}(L)b_{44} + A_{25}(L)b_{54} = 0 \qquad (8)$$

$$A_{21}(L)b_{15} + A_{22}(L)b_{25} + A_{23}(L)b_{35} + A_{24}(L)b_{45} + A_{25}(L)b_{55} = 0 \qquad (9)$$

另一个比较常用的假设是名义冲击不影响同期产出的短期限制，即 $b_{24} = b_{25} = 0$。但是我们认为这一假设限制性太强。根据 Canova 和 Pina（1999）的研究，零约束与一般均衡模型不一致，到目前为止，对此还没有很好的理论解释。

根据 Clarida 和 Gali（1994）的假设，名义冲击对实际汇率没有长期影响，而对名义汇率可能具有长期影响。正如 Dornbusch（1976）发现的，对名义冲击的长期约束同解释汇率随黏性价格和货币干扰波动的模型一致，但是由于真实冲击则存在长期实际汇率差异。这两个约束条件如下：

$$A_{31}(L)b_{14} + A_{32}(L)b_{24} + A_{33}(L)b_{34} + A_{34}(L)b_{44} + A_{35}(L)b_{54} = 0 \qquad (10)$$

$$A_{31}(L)b_{15} + A_{32}(L)b_{25} + A_{33}(L)b_{35} + A_{34}(L)b_{45} + A_{35}(L)b_{55} = 0 \qquad (11)$$

为了区别汇率和货币政策这两个名义冲击，制定货币政策不引起名义汇率变动同期反应的约束条件，即 $b_{54} = 0$。假定在反通货膨胀情况下，无论是日本政府还是美国政府更可能对同期的价格变动做出反应，而不是对汇率变动做出反应。约束条件见式（12）：

$$\begin{bmatrix} D_{11}(L) & D_{12}(L) & D_{13}(L) & D_{14}(L) & D_{15}(L) \\ D_{21}(L) & D_{22}(L) & 0 & 0 & 0 \\ D_{31}(L) & D_{32}(L) & D_{33}(L) & 0 & 0 \\ D_{41}(L) & D_{42}(L) & D_{43}(L) & D_{44}(L) & D_{45}(L) \\ D_{51}(L) & D_{52}(L) & D_{53}(L) & D_{54}(L) & D_{55}(L) \end{bmatrix} = A(L) \begin{bmatrix} b_{11} & 0 & 0 & 0 & 0 \\ b_{21} & b_{22} & b_{23} & b_{24} & b_{25} \\ b_{31} & b_{32} & b_{33} & b_{34} & b_{35} \\ b_{41} & b_{42} & b_{43} & b_{44} & b_{45} \\ b_{51} & b_{52} & b_{53} & 0 & b_{55} \end{bmatrix} \qquad (12)$$

其中，$D_{ij}(L)$ $[A_{ij}(L)]$ 是简写模型，结构性冲击的长期移动平均影响相关系数，并且 $D(L) = A(L)B$。

二　实证结果分析

研究数据是从《国际金融统计》获取的 1973 年 1 月～2011 年 9 月的月度

数据。为了准确地说明 VAR 模型，本文分别做了单位根检验、平稳性检验和协整检验。首先，根据扩展的 Dickey-Fuller 检验和 Kwiatkowski-Phillips-Schmidt-Shin 检验，所有系列的一阶差分都具有平稳性。其次，运用 Johansen 和 Juselius（1990）的最大似然法进行协整检验。协整检验零假设的置信区间是 95%。最后，对所有变量进行单位根假设（而不是没有协整检验）并采用一阶差分的结构 VAR 模型进行回归。接下来我们分别报告脉冲响应函数结果和预测误差方差分解结果。

（一）脉冲响应函数分析

本文检验了每个变量对基本冲击中正向创新的脉冲响应。图 1 显示的是运用 10000 次蒙特卡洛模拟，在一个标准差置信范围内的累积脉冲响应。随着油价上涨，实际汇率和名义汇率都大幅贬值，两国利差也在前 10 个月内大幅下降，表明央行在运用扩张的货币政策刺激经济，以应对石油供给的冲击。然而，奇怪的是，面对石油供给冲击，相对工业产出增加了，虽然增加并不显著。这可能是由于实际汇率和名义汇率的大幅贬值刺激了出口，进而影响总需求所致。这一发现表明，日元/美元汇率在石油供给冲击中，扮演了冲击吸收者的角色。

根据蒙代尔 - 弗莱明模型，正需求冲击所导致的对国内产出的超额需求将使实际汇率升值以及短期内产出增加。在长期内，产出会回到最初阶段并且实际汇率保持上升趋势。正生产性冲击所导致的国内商品超额供给将引发实际汇率的贬值。随着时间的推移，长期内，产出会增加到一个较高水平并且实际汇率会贬值。然而，很多前人学者的文献认为，在对正生产性冲击回应的过程中，实际汇率将升值而非贬值。正如 Detken 等（2002）学者的文章中所提到的反常供给效应，他们认为此类冲击随着总需求曲线向上移动是因为国内实际财富增加，消费者倾向于国内消费。但在本文的研究中并没有发现实际汇率的反常供给效应。从图 1 中可见，作为对正生产性冲击的反应，在长期内，实际汇率贬值，而名义汇率升值，虽然升幅不大。这表明日本和美国的相对价格下降，同理论假设一致。而且，正生产性冲击对相对工业产出具有很大的正面影响。

对于负需求冲击的反应，在最初的 5 个月中相对工业产出下降但很快回到最初水平。虽然下降幅度很小，但仍然具有显著性。受此影响，长期内，实际汇率和名义汇率大幅下降。所有这些结果都同最初的预测模型一致。

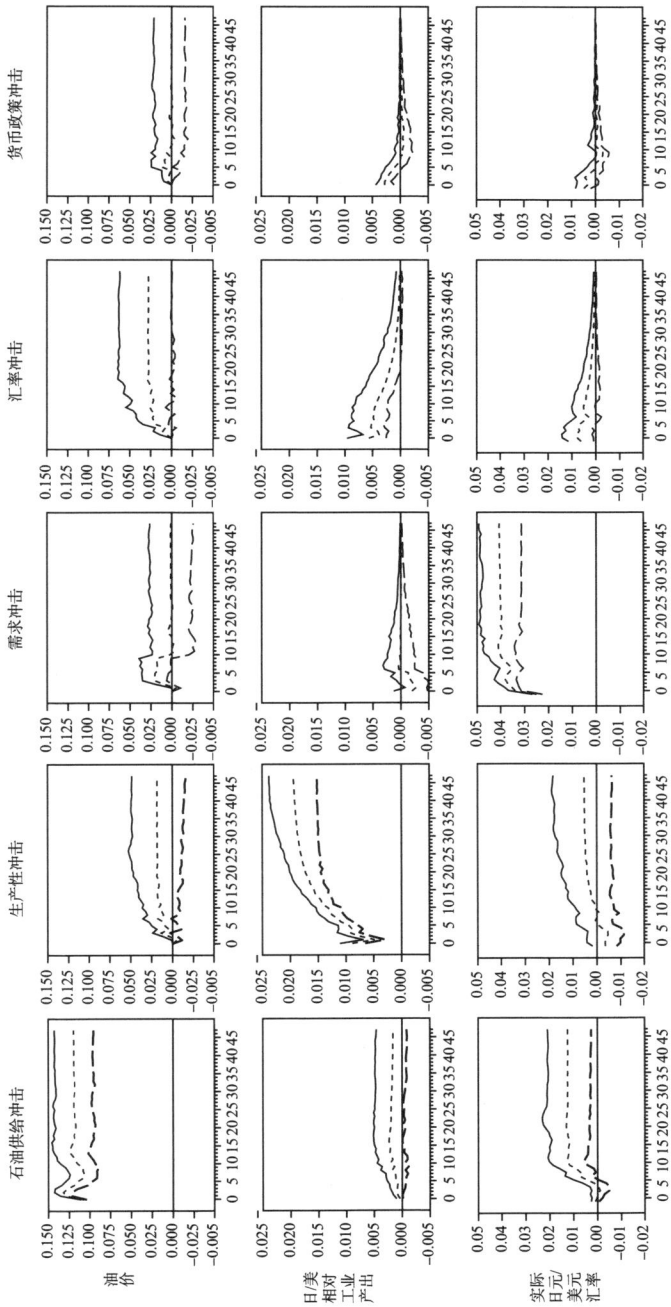

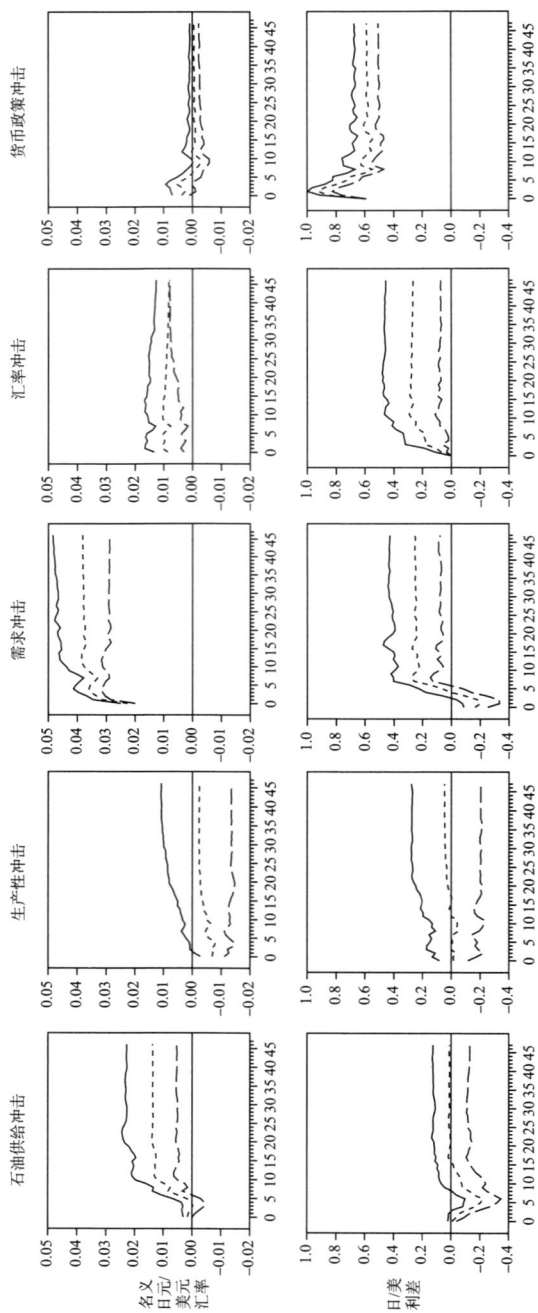

图1　蒙特卡洛模拟下标准差置信范围内的累积脉冲响应

结果表明负（正）需求对产出影响不大，因为汇率下降幅度很大，贸易余额上升（下降），有助于产出在几个月内回到原有水平。两国利差在最初几个月下降，然后在长期内大幅提升。可能的原因是负需求冲击对经济产生影响，货币当局最初为了抵消这一冲击的负效应，采取降低利率的手段，但是，由于汇率贬值，货币当局又将利率升至最初水平以应对货币贬值。

更为有趣的是实际汇率和名义汇率变动对石油供给和需求冲击的反应几乎完全相同。这表明由于石油供给和需求冲击导致的实际汇率永久性变化将通过名义汇率的变化反映，而不是通过相对价格水平反映。

我们发现，正汇率冲击使得产出增加幅度很大。这种增加持续了大约20个月，但在长期内将逐渐消失。正汇率冲击对相对工业产出的同期影响十分显著，这与我们关于名义冲击对产出的假设一致。在正汇率冲击下，实际汇率和名义汇率都将大幅贬值。值得注意的是，短期内汇率冲击对实际汇率和名义汇率的影响相同，这反映了商品价格的刚性。然而，随着时间的推移，由于确定的假设条件，这种冲击对实际汇率价值无长期影响，但是对名义汇率具有永久性影响。这同名义冲击对名义汇率具有永久影响的概念一致。同我们的预期一致，长期看，两国利差会大幅增加以支持汇率变动。

基于对紧缩型货币政策冲击的反应，相对工业产出在短期内增加。虽然这同原有理论矛盾，但在货币政策的实证研究文献中，也不乏此类观点。例如，Uhlig（2005）认为，由于对脉冲响应设定符号约束，货币政策冲击还是有影响的。他发现紧缩型货币政策冲击对实际 GDP 并没有紧缩效应，实际 GDP 对负紧缩冲击具有正效应。

通常而言，货币政策冲击对经济的影响并不大。除了利差，所有变量的变化很小。这也反映了日本货币政策无效的事实。自 1995 年以来，日本通知存款利率接近 0，经济处于衰退期，扩张的货币政策并没有对其经济起到刺激的作用。

（二）预测误差方差分解分析

脉冲响应函数可以揭示一次性冲击的动态效应，而方差分解则是在系统内衡量这些冲击相对重要性的简单方法。由于作为冲击吸收者的浮动汇率在很大程度上取决于冲击类型对汇率的反应，所以评估汇率所扮演的角色就十分重要。作为对实际不对称供求冲击的反应，即使国内价格处于黏性状态，浮动汇率对国际相对价格也能做出较快的调整，从而使其成为实际冲击的有效吸收者。例如，在浮动汇率下，由需求突然下降所引起的货币贬值将"蜂拥"在额外需求中，由此，需求冲击对经济的负面影响会得到缓解（Mundell，1961）。另外，货币和金融冲击使得汇率朝着不正确的方向变化，从而导致相对价格的非预期变化。例如，作为对负金融冲击的回应利率提高，则汇率将升值，这将进一步扩大而不是减小其对产出的负面影响。因此，真实冲击越重要且货币或金融冲击越不重要，汇率作为冲击的吸收者越有用。

表 1 分别展示了 6 个月、12 个月、24 个月和 48 个月内，一阶差分变量的预测误差方差分析。估计标准误差用括号标出。在此，真实冲击，即石油供给、生产性和需求的冲击，在解释相对工业产出变动时起了决定作用，约占预测误差方差的 77%。在这三个真实冲击的来源中，生产性冲击贡献最大，在 48 个月内的分析中，解释度约为 60%。需求冲击解释度相对占比较小，特别是在短期内。这一结论同强调短期内需求冲击对产出有影响的新凯恩斯主义理论相悖。值得关注的是，名义冲击对相对工业产出变动也起了很大作用，虽然解释度没有真实冲击大，但是仍占 23% 左右。名义冲击对相对工业产出的影响比前人学者研究的要大。例如，Thomas（1997）以及 Artis 和 Ehrmann（2006）认为名义冲击对产出的影响是微不足道的。有意思的是，在两个名义冲击之间，汇率冲击对相对工业产出决定的影响很重要，占 33% ~ 36%。这也反映了日本对国际贸易的严重依赖程度。在此，本文还对 Obstfeld 和 Rogoff（2000）探讨的"汇率脱节难题"提出质疑。相反，货币政策的影响看上去却相对较小。

表 1　误差方差分解预测

油价的误差方差分解预测				
横向	ε^{oil}	ε^{s}	ε^{d}	ε^{e}	ε^{m}
6 个月	87.6（3.2）	3.2（1.6）	3.9（1.7）	3.2（1.6）	2.1（1.4）
12 个月	80.7（3.4）	4.7（1.7）	6.5（2.3）	4.5（2.0）	3.7（1.8）
24 个月	78.6（3.3）	5.0（1.7）	7.1（2.5）	5.1（1.8）	4.2（1.9）
48 个月	78.3（3.3）	5.0（1.7）	7.2（2.7）	5.2（1.9）	4.3（1.9）
日/美相对工业产出的误差方差分解预测				
横向	ε^{oil}	ε^{s}	ε^{d}	ε^{e}	ε^{m}
6 个月	3.6（0.9）	64.7（16.7）	9.4（4.4）	17.5（17.2）	4.7（3.7）

日/美相对工业产出的误差方差分解预测				
横向	ε^{oil}	ε^{s}	ε^{d}	ε^{e}	ε^{m}
12 个月	5.9 (1.7)	60.9 (16.1)	10.1 (3.8)	17.1 (15.0)	5.8 (3.7)
24 个月	6.2 (1.7)	59.8 (15.8)	10.4 (3.7)	17.2 (14.3)	6.3 (3.6)
48 个月	6.3 (1.7)	59.7 (15.7)	10.5 (3.8)	17.2 (14.1)	6.3 (3.6)

实际日元/美元汇率的误差方差分解预测				
横向	ε^{oil}	ε^{s}	ε^{d}	ε^{e}	ε^{m}
6 个月	1.9 (1.0)	5.1 (4.1)	71.7 (10.5)	16.3 (5.8)	5.0 (3.7)
12 个月	5.0 (2.2)	6.3 (4.1)	64.8 (9.0)	17.5 (6.3)	6.4 (3.5)
24 个月	5.4 (2.1)	6.7 (3.7)	63.2 (9.4)	17.6 (5.8)	7.0 (3.3)
48 个月	5.5 (2.1)	6.8 (3.6)	62.9 (9.4)	17.6 (5.8)	7.1 (3.4)

名义日元/美元汇率的误差方差分解预测				
横向	ε^{oil}	ε^{s}	ε^{d}	ε^{e}	ε^{m}
6 个月	2.2 (1.3)	10.1 (5.5)	69.0 (12.0)	13.1 (8.0)	5.5 (3.7)
12 个月	6.5 (2.3)	10.7 (5.0)	62.2 (11.4)	13.6 (9.4)	6.9 (3.7)
24 个月	7.0 (2.5)	11.0 (5.0)	60.7 (11.3)	13.8 (9.2)	7.5 (3.7)
48 个月	7.1 (2.4)	11.1 (5.0)	60.4 (11.1)	13.8 (9.2)	7.6 (3.6)

日/美利差的误差方差分解预测				
横向	ε^{oil}	ε^{s}	ε^{d}	ε^{e}	ε^{m}
6 个月	3.0 (1.9)	4.0 (2.6)	11.9 (6.1)	4.5 (2.5)	76.6 (6.7)
12 个月	5.1 (2.0)	4.9 (2.7)	14.8 (7.0)	5.9 (2.3)	69.3 (6.9)
24 个月	5.8 (2.1)	5.5 (2.6)	15.0 (6.4)	6.4 (2.4)	67.3 (6.4)
48 个月	5.9 (2.1)	5.6 (2.6)	15.2 (6.3)	6.5 (2.3)	66.9 (6.6)

在各个报告期内，需求冲击对实际汇率和名义汇率都起到重要的作用。需求冲击能够解释 67% ~ 77% 的实际汇率波动以及 60% ~ 69% 的名义汇率波动。需求冲击的重要作用在图 1 的脉冲响应函数中也是显而易见的。需求冲击对实际利率变动的重要性在前人学者的研究中时有反映，其中包括 Clarida 和 Gali（1994）以及 Enders 和 Lee（1997）。然而，Clarida 和 Gali（1994）还发现，在日本名义冲击起到重要作用，这是前人学者研究中没有发现的。同需求冲击相反，生产性冲击对实际汇率和名义汇率的影响则不太大。

　　一般而言，在所有报告期内，在解释实际汇率和名义汇率变动时，真实冲击比名义冲击重要。在我们的模型中，两个名义冲击对名义汇率变动的解释占 19% ~ 21%，对实际汇率变动的解释占 15% ~ 19%。然而，Canzoneri 等（1996）以及 Farrant 和 Peersman（2006）的研究中发现，名义冲击的影响更大。在 Canzoneri 等（1996）的研究中，真实冲击对实际汇率变动的影响仅占 25%，在欧洲货币联盟国家，需求冲击的影响小于 20%。Farrant 和 Peersman（2006）认为，在日本真实冲击驱动下的汇率变动仅占 27% ~ 31%，而名义冲击的解释度为 57% ~ 67%。

　　对于两国利差而言，货币政策冲击对范围在 69% ~ 82% 的预期误差方差都能解释。贡献第二大的是需求冲击。长期内，其贡献度为 12% ~ 15%。这可能是日本货币当局强调控制通胀的结果。每当需求冲击可能影响通胀率时，货币政策就会对此冲击做出反应。

　　总之，脉冲响应和方差分解显示汇率具有稳定经济的作用。当存在负需求冲击、石油供给冲击和正生产性冲击时，实际汇率大幅下降。另外，真实冲击对实际汇率和名义汇率的变动具有重要影响。

　　值得注意的是，在实证研究结论中，方差分解表明了汇率和产出会对不同类型的真实冲击做出响应。即供给冲击影响产出变动，需求冲击则影响汇率变动。在很多前人学者的研究中，诸如此类的证据都表明汇率对冲击的吸收作用很小。例如，Funke（2000）认为，仅有 20% 的实际汇率变动是由需求冲击引起的，而 90% 的相对产出变动是由供给冲击引起的，欧洲货币联盟国家的实际汇率并没有发挥冲击吸收者的作用。然而，本文有不同的观点。只要实际利率对真实冲击的反应方向正确，并且真实冲击对其变动很重要，则实际汇率就是冲击的吸收者。事实上，需求冲击是汇率变动的决定因素。而其对产出变动影响较小的结果可能表明汇率吸收了需求冲击并达到一定程度以至于产出变动被掩盖了。

　　与汇率作用相关的问题是外汇市场是否创造了其自身的冲击。汇率冲击对实际汇率变动的解释为 9% ~ 10%，对名义汇率的解释是 13% ~ 14%，这表明汇率市场创造了微不足道的冲击。相反，Artis 和 Ehrmann（2006）发现，汇率冲击能解释 50% ~ 90% 的汇率变动，他们发现汇率更多的是冲击的根源，而非冲击的吸收者。然而，值得注意的是，在本文的研究中，在 48 个月的报告期内，这些汇率冲击一旦发生，可以解释 33% ~ 36% 的产出变动，这些都有很丰富的政策含义。该结果表明名义汇率变动可能是使得国家间相对价格变动的有效方法，因此，这可能会让日本很快从近期的衰退中恢复过来。

三　结论

本文研究了日元/美元汇率变动的根源，探讨了汇率是经济体中的冲击吸收者还是冲击始作俑者。与一些前人学者的研究相反，本文选择了将供给冲击分为石油供给冲击和生产性冲击，名义冲击分为汇率冲击和货币政策冲击。其中，汇率冲击包括了名义汇率和实际汇率以评估汇率的作用。本文运用了短期和长期约束，并且为了确保模型的有效性，尽可能地加入了约束条件。例如，设定了产出对名义冲击的同期响应零约束条件，这在以前的文献中很常见。采取的其他约束条件都是宏观经济模型中的标准假设条件并且经常在开放经济条件下被用于实证研究。

实证研究结果发现，石油供给冲击、负需求冲击以及正汇率冲击将导致实际汇率和名义汇率大幅贬值。生产性冲击，长期内，将导致实际汇率贬值而名义汇率升值，相对价格下降。正生产性冲击和汇率冲击以及短期内负需求冲击将导致相对工业产出增加。两国利差对各种冲击的变化也同预期的一样。这些脉冲响应函数验证了我们的判断。从方差分解分析中我们发现，真实冲击相对于名义冲击在决定汇率变动方面有至关重要的作用，其中需求冲击的影响最为重要。汇率冲击仅能解释一小部分实际汇率和名义汇率变动的事实，表明汇率市场几乎不是冲击的根源。

综上所述，本文从脉冲响应和方差分解两个方面进行分析，有效地支持了汇率在日本的宏观经济调控中是冲击吸收者的观点。

参考文献

Alexius, A., and E. Post. 2008. "Exchange Rates and Asymmetric Shocks in Small Open Economies." *Empirical Economics* 35: 527 – 541.

Artis, M., and M. Ehrmann. 2006. "The Exchange Rat—A Shock-Absorber or Source of Shocks? A Study of Four Open Economies." *Journal of International Money and Finance* 25(6): 874 – 893.

Blanchard, O. J. , and D, Quah. 1989. "The Dynamic Effects of Aggregate Demand and Supply Disturbances. "*The American Economic Review* 79(4):655 – 673.

Canova, F. , and J. P. Pina. 1999. "Monetary Policy Misspecification in VAR Models. " Economics and Business Working Paper 420, Universitat Pompeu Fabra.

Canzoneri, M. B. , L. Vallés, and J. Viñals. 1996. "Do Exchange Rates Move to Address International Macroeconomic Imbalances?" CEPR Discussion Paper 1498, C. E. P. R. Discussion Papers.

Clarida, R. , and J. Gali. 1994. "Sources of Real Exchange Rate Fluctuations: How Important Are Nominal Shocks?" *Carnegie-Rochester Conference Series on Public Policy* 41: 1 – 56.

Detken, C. , A. Dieppe, J. Henry, and F. Smets. 2002. "Model Uncertainty and the Equilibrium Value of the Real Effective Euro Exchange Rate. "Working Paper Series 160, European Central Bank.

Dibooglu, S. , and A. M. Kutan. 2001. "Sources of Real Exchange Rate Fluctuations in Transition Economies: Evidence from Hungary and Poland. " *Journal of Comparative Economics* 29(2):257 – 275.

Dornbusch, R. 1976. "Expectations and Exchange Rate Dynamics. "*The Journal of Political Economy* 84(6):1161 – 1176.

Enders, W. , and B. S. Lee. 1997. "Accounting for Real and Nominal Exchange Rate Movements in the Post-Bretton Woods Period. "*Journal of International Money and Finance* 16(2):233 – 254.

Farrant, K. , and G. Peersman. 2006. "Is the Exchange Rate a Shock Absorber or a Source of Shocks? New Empirical Evidence. "*Journal of Money, Credit and Banking, Blackwell Publishing* 38(4):939 – 961.

Faust, J. , and E. M. Leeper. 1994. "When Do Long-Run Identifying Restrictions Give Reliable Results?" International Finance Discussion Papers 462, Board of Governors of the Federal Reserve System(U. S.) .

Funke, M. 2000. "Macroeconomics Shocks in Euroland Vs. the UK: Supply, Demand, or Nominal?" EUI-RSCAS Working Papers 37, European University Institute (EUI) , Robert Schuman Centre of Advanced Studies(RSCAS) .

Johansen, S. , and K. Juselius. 1990. "Maximum Likelihood Estimation and Inference on Cointegration-with Applications to the Demand for Money. "*Oxford Bulletin of Economics and Statistics* 52(2):169 – 210.

Lastrapes, W. D. 1992. "Sources of Fluctuations in Real and Nominal Exchange Rates. "*The Review of Economics and Statistics* 74(3):530 – 539.

Mundell, R. A. 1961. "A Theory of Optimum Currency Areas. "*The American Economic Re-*

view 51(4) : 657 – 665.

Obstfeld, M. , and K. Rogoff. 2000. " New Directions for Stochastic Open Economy Models. " *Journal of International Economics* 50(1) : 117 – 153.

Perron, P. 1997. "Further Evidence on Breaking Trend Functions in Macroeconomic Time Series. "*Journal of Econometrics* 80(2) : 355 – 385.

Stockman, A. C. 1987. "The Equilibrium Approach to Exchange Rates. " *Federal Reserve Bank of Richmond Economic Review* 73(2) : 12 – 30.

Svensson, L. , E. 2003. "Escaping from a Liquidity Trap and Deflation: The Foolproof Way and Others. " *Journal of Economics Perspectives* 17(4) : 145 – 166.

Thomas, A. H. 1997. "Is the Exchange Rate a Shock Absorber? The Case of Sweden. "IMF Working Paper 176, International Monetary Fund.

Uhlig, H. 2005. "What Are the Effects of Monetary Policy on Output? Results from an Agnostic Identification Procedure. "*Journal of Monetary Economics* 52: 381 – 419.

政策动力机制的比较研究[*]

〔美〕弗兰克·R. 鲍姆加特纳　　〔美〕布莱恩·D. 琼斯
〔美〕约翰·维克尔森/著　杨志军　赵　曦/译[**]

摘　要：对政策变化的重要新认识正在从一个计划中出现，该计划用以衡量使用同一种工具的国家政策的关注。这个特殊问题的参与者在过去几十年中已经为 11 个国家创造了新的政府活动指标。每个数据库都是全面的，它包括所涉时间段（通常是几十年）的每种类型活动（例如，法律、法案、议会问题、总理讲话）的信息。这些数据库通过一个共同的政策议题分类系统进行链接，可以对公共政策动力进行新的分析。作者介绍了本书所涉及的理论和实践问题，解释了已完成工作的性质，并提出这种新基础设施可能允许对公共政策、制度和成果进行新型比较分析。特别是，作者挑战政治学家将政策可变性纳入他们的分析中，而且远远超过党派和选举对于政策变革的解释。

关键词：比较政治学　比较公共政策　政策议程　间断均衡　政策动力机制

---

[*]　原文为 Baumgartner, F. R., B. D. Jones, and J. Wilkerson. 2011. "Comparative Studies of Policy Dynamics." *Comparative Political Studies* 44（8）：947–972；本文系国家社会科学基金资助项目"环境抗争引发非常规政策变迁的生成机理及优化策略研究"（项目编号：15CZZ034）、贵州省软科学研究计划资助项目"贵州省精准扶贫的 IAD 框架保障研究"（项目编号：黔科合基础〔2016〕1512–3 号）、贵州大学文科重大科研资助项目"地方治理中的学习型政策变迁范式研究"（项目编号：GDZT201505）的阶段性成果。

[**]　弗兰克·R. 鲍姆加特纳（Frank R. Baumgartner），美国北卡罗来纳大学教堂山分校政治科学系教授；布莱恩·D. 琼斯（Bryan D. Jones），美国得克萨斯农工大学文理学院教授；约翰·维克尔森（John Wilkerson），美国华盛顿大学埃文斯公共政策与治理学院教授；杨志军，中国海洋大学国际事务与公共管理学院教授；赵曦，贵州大学公共管理学院行政管理专业硕士研究生。

比较政治研究通常强调理解政策变化的核心是三个主要变量：偏好、制度和信息。然而，偏好和制度的作用比信息的作用受到的关注更多。体制通常是稳定的，但是在很长一段时间内，由于选举更替的结果被广泛认为是政策变化的中心来源，所以偏好会转变。执政联盟的政策偏好随着选举命运的变化而改变，这反过来又带来了一系列新政策。制度差异在解释不同国家之间的差异方面很有价值，但随着时间的推移，国家内部的差异往往是因为选举带来的政府控制的党派变动。事实上，这有时被视为民主政治的必要条件。迪特尔·克林格曼及其同事在其颇有影响力的书中反映了这一共同观点："在很大程度上，现代民主国家政府的政策优先事项反映了竞选政党在选举期间提出的正式计划，承诺与表现之间的这种一致性是我们所说的'民主'（democracy）的核心。"（Klingemann et al., 1994）对许多政治科学家来说，选举是民主的关键因素，如果政策变化不能通过选举来解释，那么这些变化就缺乏民主的合法性。我们确信选举是民主的基本要素，但政策变化通常源于新信息的出现或者社会或经济环境的变化，这些变化与选举过程并不完全相关。

政治行为者有政策偏好，并试图使他们的行为最大化。然而，他们的能力范围是有限的。不同的学者在政治上假设合理性（即目标最大化）时意味着完全不同的东西。在"强"（strong）的形式中，受益于完全信息的理性行为者具有无限的认知能力。在各种"弱"（weak）形式下，信息是不完整的，参与者只需考虑手头上的信息，"尽力"（do their best）做出最适当的决定。最后一点是必不可少的：如果偏好在与最佳可用信息交互时能够推动行动，那么我们需要更多地了解这些信息。它从何而来？那些无法一直关注所有传入信号的政治行动者如何意识到新的信息？他们如何回应新信息？他们如何解读新信息？他们是否试图改变对手对相同信息的解释？

鉴于政治生活的复杂性和现代政府面临的种种问题，信息与注意力密切相关。有关长期贫困率的新信息可能会引起人们对贫困问题的关注，而这在以前并非讨论的核心问题。但是，如果这个信息被忽略了，那么它就不会起作用。政治的许多方面都是关于强调信息的，因为政治行动者竞相界定政治问题。如果发生这种"注意力转移"（attention shifts），那么行为可能会发生很大变化，而偏好则不会。行为在一定程度上是假设的产物，这些假设是选择哪个方案最符合自己的偏好，而这些假设不可避免地是信息的产物。因此，至少对于理性选择的"弱"形式来说，决策、注意力或信息是政策变化的一个关键组成部分。在"强"形式中，假设信息是完整的，认知能力是无限的，所以不会有"新"的信息，因此可以放心地忽视注意力。因此，从"强"到"弱"的理性形式引入了一个新的关键变量，即注意力。通过将注意力从复杂决策中的一个元素转移到另一个元素，新信息在更新偏好方面起着关键作用。无论如何，信息都是政策选择理论的核心，尽管它常常被隐藏在"更新偏好"（updating preferences）的幌子下。我们认为这两者都应更好地保留为单独的变量。正如我们所表明的那样，几乎所有的经验权力都集中在关注或信息上，而不是关于偏好如何转变的假设上。

我们并不认为政策偏好是不重要的，只是信息的重要性普遍受到低估，因此没有得到足够的重视。例如，美国国会就 2008 年问题资产救助计划进行投票时，不太赞成"华尔街救市法案"，许多立法者分享了众议院共和党领袖约翰·博纳的观点，评论说："我的同事们对自己的处境感到愤怒，没有人愿意支持这个法案"（Jones and Surface-Shafran，2009）。在这种情况下，在标准的理性选择假设下，行动者基于信息更新他们的偏好（update their preferences based on information），似乎留下了许多有待解释的地方。新的信息肯定会造成行为的变化，例如 2008 年 9 月的金融崩溃。但不太明显的是，行为变化是由偏好转变引起的（由于引入了新的信息）。

在我们看来，偏好在"偏好转移"（preference shifts）和"新信息"（new information）的效应难以区分时失去了独立的解释力。如果偏好可以基于新信息而改变，那么当对科学的政策变化做出解释时，它们就有可能变得毫无意义，或者至少与引起偏好改变的信息没有区别。为避免混淆偏好和信息，必须将它们视为单独的分析类别。偏好转移的影响可以通过选举或其他领导层变动如何改变政策来评估。信息的影响通常可以通过在没有这种成员转换的情况下发生的政策变化来评估，包括成员转换能否产生实质性的政策变化。信息流可以通过社会和经济变化的指标进行监测，而政策制定者对信息的关注可以通过对特定政策议题的注意力改变来评估（在控制选举引起的偏好变化之后）。有时政策相关信息的变化（如经济条件或犯罪率的变化）可以系统地衡量，然而有时候，衡量难度更大（例如维持一个国家的经济竞争力或在世界秩序中的地位）。对于信息的关注更容易被衡量，这是我们的重点。

这个问题的关键在于执政联盟的转移。注意力的转移必须在政策行动发生变化之前，无论这些转变是选举运势的变化还是其他因素造成的。这些研究都是基于多个机构几十年来对于政府活动的全面分析。每项研究都依赖相同的政策内容体系，这个体系涵盖西方政府的所有政策活动，并允许学者对政策注意力的转变进行系统性追踪，包括各个国家各个时期的选举，跨越国家内部和国家之间的问题领域和跨越单一国家的机构环境。我们项目的广泛范围使我们能够比较政策注意力和随后的政策行动中可能的差异来源的相对重要性，并且我们还发现了有关各方的变化的重要组成部分。选举很重要，但其他许多因素也是如此。

议程设置的议题在比较研究中受到相当多的关注。然而，这个概念对不同的学术社群意味着不同的东西。在传播学研究中，议程设置是指"大众传媒的议程设置功能"（agenda-setting function of the mass media）（Mc Combs and Shaw，1972；Dearing and Rogers，1996）。在这里，对许多学者来说，议程设置是指媒体通过对特定议题的报道以及媒体框架影响公众构思或思考该议题（Gilliam and Iyengar，2000；Iyengar and Kinder，1987）。正如伯纳德·科恩（Cohen，1963）写道，媒体不能告诉我们怎么想，但他们可以告诉我们该怎么想。一些传播学者已经研究了媒体议程的稀缺性和多样性，包括每天日报上报道的新闻的数量与每天晚报中报道的新闻数量（Mc Combs and Zhu，1995）。通过他们对问题的理解能力，报纸和其他媒体为公众或政府官员"设定议程"（set the agenda）。

议程设置研究的另一个重要组成部分是关于机构或议会领导人如何通过控制各种替代方案的投票顺序来影响政策结果（Cox and Mc Cubbins，2005；Rasch and Tsebelis，2010；Riker，1986，1995；Shepsle and Weingast，1981，1987）。这种文献对比较政治制度的学者来说是熟悉的，因为它涉及问题循环的基本理论以及制度规则和议会"议程制定者"（agenda setters）对议会辩论结果的影响，而不必改变任何偏好（Arrow，1970）。

美国政治领域的第三个工作体系遵循一个悠久的传统，侧重于政策问题出现政治争议的动态。在这个政策文献的视角下，沙特施奈德（Schattschneider，1960）、巴克拉克和巴拉兹（Bachrach and Baratz，1962）、科布和诶尔德（Cobb and Elder，1972）、金登（Kingdon，1984）以及鲍姆加特纳和琼斯（Baumgartner and Jones，2009）认为议程设置研究始于政府议程空间稀缺的假设。学者会产生疑问，为什么某些问题被列入议程，而其他问题则没有。

政策文献中典型的议程设置研究表明，一个高度动态的决策过程，其变化的速度可能比基于偏好方法所能带来的速度更快。信息的变化是所有解释的核心。决策机构缺乏注意力是至关重要的。还有更多的问题，比政府可能关注的更多，而且每一个问题都可能是非常复杂的。这些问题导致注意力不足。例如，关于贫困问题的讨论可能集中在问题的严重程度或解决方案的效率上，但两者很少同时出现。两者都是相关的维度，但关注点通常并不是根据对一个问题的不同要素的相对权重的综合评估来成比例地分配的（Jones and Baumgartner，2005）。

这个政策议程设定的视角也突出了政策过程的多维性——注意力稀缺可能导致政策关注由能源转向卫生保健、移民，由经济转向战争、气候变化或人权。政策制定者需要明确回应新的信息。最近一个关于信息流向政策变化的重要例子是 2008～2009 年的经济和财政危机，这一危机促使一位自称“自由市场人”（free market kind of guy）的美国总统不情愿地提出大规模的经济干预，包括国家收购银行和保险公司以及将国家资金注入私人市场。银行救助显然不是任何一个政党的政治平台的一部分，但小布什总统的民主继任者奥巴马和西方各国政府的回应是一样的。许多政府（保守派和社会主义派）都如此回应，这同样证明了研究信息流改变对政策变化的潜在重要性的价值。

各国领导人对这场危机的反应不一样，这也清楚地表明制度、偏好和政策遗产的影响也必须加以考虑。行为者对信息进行处理和回应，但政策变化最终是在特定制度环境下进行集体决策的产物。组织信息处理不仅受到个体行为者认知能力的影响，而且受到制度程序和交流方式的影响，这些方式和途径的影响通过汇总观点产生集体决策（Jones，2001）。

没有人否认政治领袖会对他们周围世界的变化做出反应。但是我们认为，当代比较政治学研究的学者有可能得出这样的结论：偏好的知识和制度设计足以解释政策的变化。同时，由独特因素驱动的每一个集体结果同样是有问题的。一种传统发生变化并不是由于选举引起的偏好转变为“外生冲击”（exogenous shocks）（通常由多变量分析中的虚拟变量代表）。正如这个问题的提出者所表明的那样，问题是对来自这些外部变化的信息的反应是平滑的，是呈相称比例或容易预测的（Jones and Baumgartner，2005）。因此，信息、事件、机构和偏好之间的联系比他们通常所接受的更值得关注。

为了证明信息对于政策变革的重要性，以及了解其对机构和偏好的贡献，我们调查了许多国家很多时间段内的许多政策。我们之所以这样做，是希望有助于加深对选举、机构设计、信息处理，甚至特定国家或特定时期对政策变化的影响的了解。

一　政策动力机制的比较

从政策动力机制角度来看，假设在许多情况下，偏好和规则都是为了所有实际目的而固定的，信息是理解政策变化的关键"活动部分"（moving part）。研究长时间的集体注意力转移推动学者去观察政治过程中较短时间内不太引人注意的方面，因为注意力和偏好可能相对固定。政策通过一系列的阶段发展，从一个问题开始引起决策者的注意（Kingdon, 1984）。许多重要的问题没有超过这个阈值。理解为什么某些人这样做，而其他人却不这样做是重点。政治领导人尽可能地注意当前的问题，但他们面临大量的信息。他们决定如何处理某些信息比其他人更重要，这是政府决策的基础，但我们对这些过程知之甚少。

问题的注意力可以从媒体报道、公众不满、现实世界的变化（比如失业率或通货膨胀率）中得到启发，因为政府官员会对这些问题进行监控，政府内部的行动是政客利用个人或党派利益或其他因素的问题。关注一个问题取决于目前对所有其他问题的关注总和。如果在国家议程上有更多的紧急问题，即使情况恶化，注意力也不会越来越小。在其他时候，例如在没有严重的经济衰退和和平时期，议程上可能会有更多的空间出现新的问题。这种权衡解释了为什么学者们能够在社会问题的严重程度与政府对它们的关注度或回应程度之间找到惊人的低关联。

一个确实得到政策制定者关注的问题必须进入政府（或决策）议程。不同的政治制度提供不同的进入渠道。在美国，总统演讲、法案介绍和国会听证会往往是进入政府议程的问题首次出现的地方。在许多议会民主制国家，行政演讲和议会质询似乎也起到类似的作用。然而，政策动力机制方法强调有许多潜在的政策变化的场所。在没有立法的情况下，企业家可以通过官僚机构或法院等其他渠道寻求变革。因此，要充分理解政策变化的动力，就必须把整个系统作为一个整体来研究，而不是仅仅研究其中的一部分。专注于某一特定机构风险的方法可以忽略其他地方发生的重要过程和决策。

政策过程的每一个阶段都以形成关注的规则为特征。这些规则的影响作为一种政策理念在决策过程中取得进展。我们在美国和其他地方的研究表明，公共优先事项往往在早期议程设置阶段（如行政演讲）比在后期阶段（如法律和预算）表现更好（Jones et al. ，2009b）。在这个过程的早期阶段，注意力也倾向于相对容易地从一个问题转移到另一个问题，以应对不断变化的信息输入，例如改变公共优先权。相反，后期阶段则表现出更大的"黏性"（stickiness）或抵制变化（Jones and Baumgartner，2005）。尽管我们还没有完全解释这些发现，但它们看起来相当稳健，就像最近对美国、丹麦和比利时的对比所证明的那样（Baumgartner et al. ，2009a）。此外，或许更重要的是，在这里所描述的项目中，另一项研究显示，8 个西方民主国家的支出变化模式存在惊人的相似之处（Jones et al. ，2009a）。这些发现表明，具有注意力转移的间断均衡方法可能具有广泛的适用性。研究似乎证实，制度上的变化，特别是机构否决权的数目，在决定在各国所观察到的"黏性"（stickiness）程度方面起着重要的作用。

二　政府作为问题解决者

民主社会的公民希望他们的政府能够解决重要的社会问题，或者至少可以尝试。尽管一场选举只会让人认为政党在获得政府的控制权后仅仅是实现了他们的意识形态，但这并不是那么简单，政府也必须执政。每一个政府都面临多重矛盾的问题，而且缺乏明确的解决方案。平台只能对政府议程进行微弱的预测，原因至少有三个：第一，选举平台和政府协议不能预测选举任务期限内会出现的问题（银行危机浮现在脑海中）；第二，对一个问题的回应可能会与其他问题的解决方案相矛盾，因此，需要混合的回应（Kingdon，1984）；第三，政治格局将发生变化，因为忠实的反对派会将注意力集中在拟议解决方案的缺陷上，或强调那些不是政府优先考虑的问题（Green-Pedersen and Mortensen，2009）。

根本的问题是不确定性。没有任何一个政府可以提前知道将要面临的政策问题的范围，或者在公众眼中最迫切需要解决的政策问题。比较主义者再一次认识到，不确定性是政治的一部分。但是，政府的议程受到意料之外的事件的影响要比现代方法更为强烈。我们不会过分偏离选举和偏好的角色。相反，我们希望能够为解决问题添加动态的要求。当议程空间不足时，政府官员的首要问题是，我的优先事项是什么？成功的政府会根据变化的信息模式调整其基于党派的优先次序，其中信息模式包括反对派和公众如何应对这些变化的模式。

解决问题是决策的必要条件。参与是政策变化的先导。并非所有的注意力变化都会导致政策变化，但主要的政策变化总是在注意力变化之前进行。因此，衡量政府关注各种问题的变化是我们基于议程方法的首要任务。最初制定的研究美国政策动力机制的方法是，在很长一段时间内将注意力集中在各种政策问题上，然后审查注意力的模式，并将它们与政策变化的模式联系起来（Baumgartner and Jones，2009；Jones and Baumgartner，2005）。

三　政策内容的相关性

政策动力机制方法包含了比较政治研究中缺少的东西：政策关注的不断变化的议题。例如，一些研究试图通过检查从一个时期到另一个时期的法律的数量或重要性来解释立法生产力。在政策领域的变化方面，调查生产力的研究很少，比如那些发现偏好转变并不能始终预测政策变化的时间或规模的研究（Adler and Wilkerson，2010；Baumgartner et al.，2009b；Lapinski，2008）。事件、问题竞争和其他与政策有关的因素似乎更为重要。尽管在政策领域的决策案例研究（如卫生保健、移民、老年人和养老金、宏观经济学、劳工问题等）在比较政策研究中较为常见，但对于其他问题的关注如何影响特定问题领域内的政策变化却很少被调查。诸如人权、环境和移民等新"后物质主义"（post-materialist）问题已经破坏了许多西方国家既定的政治辩论。但对于这些新问题如何改变国家议程，几乎没有系统的调查。它们在所有国家都有类似的效果吗？如果没有，为什么它们的影响不同？正在开发的数据集作为当前项目的一部分，将使研究人员能够系统地研究这些问题。

四　时间维度

比较政策议程项目为本文研究提供了基础，它是由对综合性、可比性和动态机制的兴趣驱动的。它与比较政治和公共政策研究的其他常见方法不同，因为它同样关注随着时间的变化而不同的问题、国家或机构之间的差异。当然，以前的学者没有忽视时间维度，但他们研究设计的概念方法通常是纵向的或横向的。例如，政策历史研究通常集中于单个国家单一问题的发展。显而易见，跨国的比较政策通常集中于相对静态的比较，试图解释为什么政策选择因国而异，而不是随时间的推移而变化。或者，在一个以上的国家，对政策发展与时间进行比较时，注意力集中在各国特定的政策改革、转变概念范式、证明自由贸易等基本政策方法的合理性上，或者重大社会改革上（Hall, 1986, 1989, 1993; Keeler, 1993）。在这里，我们回顾了很长一段时间，在几个国家里，在几十或几百个不同的问题上。因此，在这里我们对一些旧问题进行一些新的分析，并产生一些新的观点。

横截面时间序列设计的一个优点是，人们可以从经验上调查，最重要的差异来源是意识形态、党派、跨国家还是动态变化。考虑图 1，其中对两个政党对特定政策问题的关注程度进行了假设性的比较。问题可能是医疗保健、移民或其他任何问题。在这个例子中，政党 A "拥有"（owns）这个问题，更喜欢谈论这个问题。然而，政党 B 并没有完全忽视它。即使政党 A 总是比政党 B 多表现出 5% 的关注，在说明中，双方有时会更加关注，有时会较少关注这个问题。例如，如果问题出在能源价格上，美国共和党人通常更愿意谈论这个问题，而不是民主党人，但双方也会对外部冲击做出反应，比如汽油价格的上涨。当然，没有理由假定任何特定问题将按照动态布局在图 1 中，但它说明了我们所说的开放调查经验，方差可能在单独的两党给定的一个时间点上，可以区分不同的政治时代。

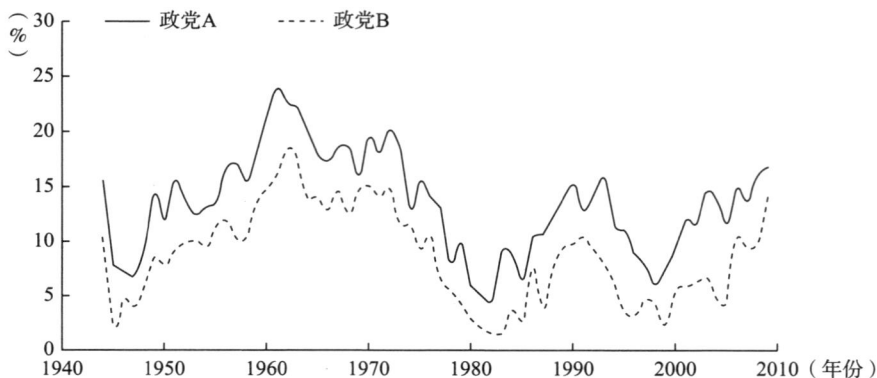

图 1　政党 A 和政党 B 对特定政策问题的关注随时间推移的假设性比较

我们也可以用图 1 来说明另一个想法，即政党在思想上的变化。事实上，图 1 是詹姆斯·斯廷森（James Stimson）对美国"政策情绪"（policy mood）的衡量（Stimson，1999）。如果纵轴被认为是一个方面在左右尺度上的相对位置（比如，在尺度顶部有更多的进步位置，底部为保守位置），可以想象，虽然缔约方 A 和 B 彼此不同，始终保持相对的位置，但它们都以类似的方式随时间推移，试图与国家的情绪保持同步。随着时间的推移，这种情绪会发生相当大的变化。这类例子有很多，想想 1964 年总统大选中巴里·戈德华特（Barry Goldwater）的惨败和 1980 年罗纳德·里根（Ronald Reagan）的成功。或者对比一下比尔·克林顿（Bill Clinton）的意识形态立场，他曾发誓要"以我们所知的方式结束福利"（end welfare as we know it）（并坚守承诺），而在 30 年前，林登·约翰逊（Lyndon Johnson）就这样做了。理查德·尼克松（Richard Nixon）创立了环境保护署（Environmental Protection Agency），他提议征收负所得税，以补充穷人的收入，而其他提案清楚地反映了 20 世纪 70 年代的意识形态特征，而不是通常被视为共和党核心问题的内容。简单的想法是，随着时间的推移，各方在意识形态立场上的转变相当明显。实际上，在一个国家内党派职位随时间的变化可能会大于任何时候各方立场的横截面差异。或者，像前面的例子那样，一方可能更愿意谈论某个问题，但当议题上升时，任何一方都不能完全忽略它。党派立场的横向和纵向变化的重要性和问题的关注当然是经验问题，我们希望在比较政策议程项目中对其进行探索。

政治科学对这些概念的研究进展缓慢，部分原因是我们的集体注意力主要集中在理解人们如何在特定的选举中投票上。当然，在任何一场选举中，时间都是没有变化的，所以分析的难题只能是解释为什么有些选民更喜欢 A 而不是 B。但是，随着时间的推移和选举研究在过去几十年里的不断重复，意识形态明显发生了变化。横向和纵向的差异来源应该纳入对政策变化的全面理解。

五　在现实世界中发行所有权

这些过程是如何在选举环境或政策制定中发挥作用的？许多理论让人认为，政党只会把注意力集中在那些他们"拥有"（own）的问题上（Petrocik，1996；Austen-Smith，1993；Riker，1986，1988，1995，1996；Simon，2002）。正如赖克（Riker）所指出的那样，"支配性原则"（dominance principle）表明，如果一方在某个问题上优于另一方，则应该把注意力放在这个问题上，而如果双方都没有优势，那么"分散原则"（dispersion principle）建议双方应该避免讨论。但是，如果双方都愿意或者不需要讨论当前的重要问题，那么"融合原则"（convergence principle）又如何呢（Riker，1986）？安东尼·唐斯（Anthony Downs）认为，主要政党需要聚合到选民所在地。因此，我们有充分的理由认为多元逻辑可能在这里起作用，并且知道各方是否成功地将注意力集中在那些他们有优势的问题上，或者有时是被他们的反对者或现实世界的发展所逼迫，讨论可能不会给他们带来好处的问题。此外，无论双方更愿意做什么，媒体可能会对冲突感兴趣，因此选民所看到的可能并不能反映政党在摘要中更倾向于什么。许多制约因素，包括竞争对手的行动，迫使政治领导人参与他们可能倾向于回避的辩论。克里斯托弗·绿佩德森和彼得·莫滕森（Peter Mortensen）最近证明，政府各方尤其如此，他们使用丹麦议程项目的数据研究丹麦的政治情况，结果显示议会反对派的成员可以把他们的问题集中在那些最可能使政府难堪的问题上，但政府不能简单地忽略这些问题，媒体当然对党派混战有兴趣（Green-Pedersen and Mortensen，2009）。沃尔格夫、勒费维尔和纽伊特曼斯发现，在一些实验治疗中，公众的成员只接触了几次在媒体露面的不同政党领导人，讨论了不同的问题，这导致他们将这些问题与这些政党联系起来（Walgrave et al.，2009）。因此，各方可以在所有权问题上进行斗争和竞争；双方之间的联系并不是一成不变的。

有几位学者在美国政治运动的背景下研究了这个问题的归属，每个人都发现了大量的证据来证明重叠，而不是所有权（Damore，2004，2005；Sigelman and Buell，2004）。Sigelman 和 Buell（2004）研究了《纽约时报》报道的总统竞选活动，这些竞选活动涵盖了 1960～2000 年的每个总统的竞选活动，约 10286 篇新闻报道。他们按照政策议题对报表进行了分类，图 2 显示了对最受关注的四个问题的关注程度：种族、社会保障、税收和支出、国防和国家安全。

如图 2 所表明的那样，问题在国家议程上出现了起伏。虽然候选人对每个问题的关注程度各不相同，但跨越时间的差异远大于双方的差异。这里有一些简单的汇总统计资料。如果我们比较图 2 中双方的平均绝对差异，这些数字如下：种族 = 1.6 个百分点，社会保障 = 1.8 个百分点，税收和支出 = 2.4

个百分点，国防和国家安全＝3.1个百分点。另外，从对这些问题的关注程度的最低和最高水平的差异，我们可以看出：对于民主党来说，种族最高和最低水平的差异为9.5个百分点，社会保障最高和最低水平的差异为13.0个百分点，税收和支出最高和最低水平的差异为9.8个百分点，国防和国家安全最高和最低水平的差异为17.4个百分点；对于共和党来说，种族最高和最低水平的差异为5.8个百分点，社会保障最高和最低水平的差异为10.6个百分点，税收和支出最高和最低水平的差异为14.4个百分点，国防和国家安全最高和最低水平的差异为17.0个百分点。随着时间的推移，关注当今的主要问题的时间会有相当大的变动（有时候是10倍以上）。

这些动态机制与政党关注点并不一致。这里的学者们关注的焦点是，在选举后，负责任的政党是否有能力改变政策的优先次序。虽然有人指出，

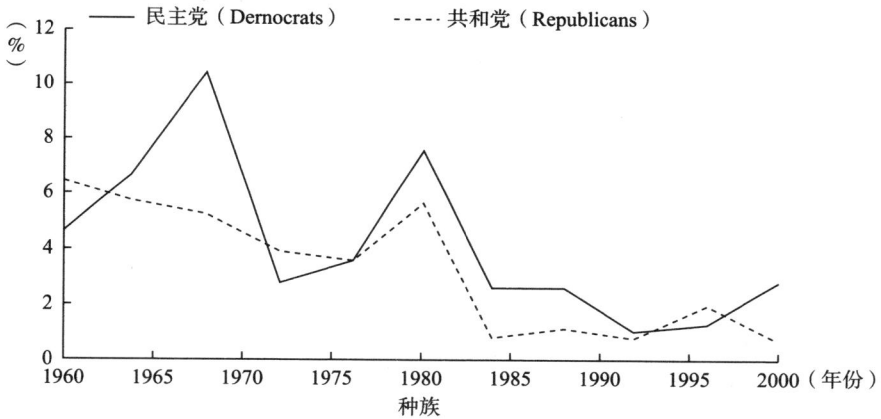
种族

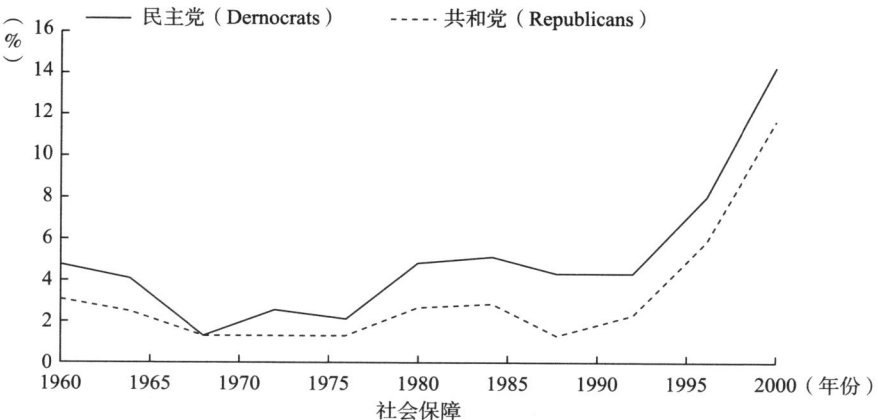
社会保障

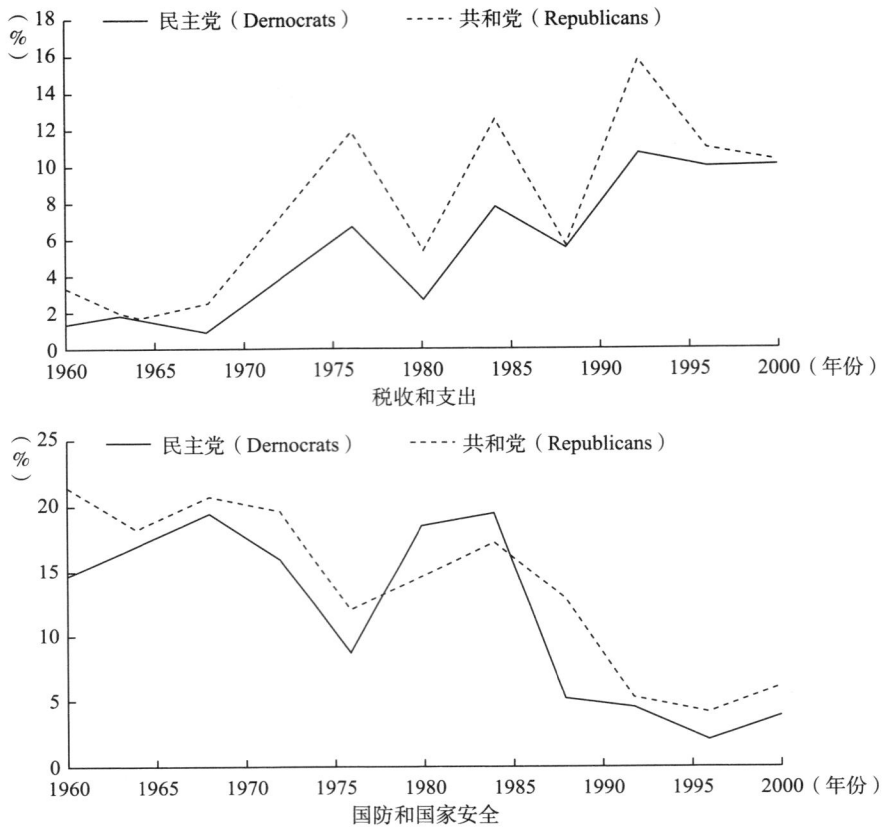

图 2　1960～2000 年民主党和共和党总统竞选对四个问题的发言的百分比

资料来源：根据 Sigelman 和 Buell（2004）中的表 1 计算。

政治领导人可能无法预测经济的外生发展，因此可能无法实现他们的每一个计划（Klingemann et al. ，1994；Muller and Strom，1999），但在这些文献中更为常见的是强调新当选的政党改变政府优先权的能力（Budge and Keman，1990）。我们完全同意，在选举期间要强调政党行动的重要性。但是我们注意到文献中的重要测量问题（Budge and Hofferbert，1990；Budge and Keman，1990；King and Laver，1993），并且认为，一个更全面的政策变化的方法将能够说明一些可能产生它的因素的相对重要性：选举变化、与选举无关的信息动力、制度设计和特定问题的要素。此外，如果问题一开始没有与单独政党那么紧密地联系在一起（或者仅仅是在一些高度公开的例子中），那么我们寻求对政策变化的解释时，需要从更广泛的角度看问题，而不是只关注问题的所有权。

另外，随着时间的推移，党派的分歧是变化的。看来，党派分歧的行为构成了一个由其他因素支配的趋势的政策辩论。而且，党派分歧当然可以在不同的问题上有所不同，而且可以成为政治的一个重要组成部分。我们并不认为政党在某种程度上毫无意义，相反，我们的集体工作显示，迫切需要重新评估政党在民主政治中的角色。

六　内部和机构间的动态机制

制度规则和程序有助于解释各国政策产出的差异。政策动力方法假定制度变化也有助于解释特定政策领域内的产出变化。然而，如果没有可靠和全面的政策投入指标，这种预期是难以检测的。通过提供有关政策输入的系统信息，比较政策动力机制方法，学者能够区分不同机构的不同反应和不同的输入组合。如果各国经历类似的投入（例如国际经济下滑）并且其产出各不相同，那么差异的一个可能来源就是政体不同。

政策动力机制方法也强调制度规则和程序，例如向否决组织授权的制度规则和程序，并不是政治制度中唯一的阻力来源。例如，议程设置阶段的阻力可能来自对问题的竞争。面对竞争性政策要求的立法者必须对优先事项做出决定。因此，相互竞争的需求（不仅仅是政策制定者的偏好）可能对于判断一个问题是否能够得到解决至关重要。

另外，现有的制度方法往往是静态的而不是动态的。现有的首选项和否决权的安排不允许政策改变。相反，政策动力机制方法则将偏好或制度所造成的阻力描绘成相对而非绝对的。物理科学家称摩擦不仅与堵塞，也与"黏滑动力学"（stick-slip dynamics）相关。摩擦有两个组成部分：黏性和滑动。也就是说，如果摩擦从来没有被克服过，那简直就是堵塞，而不是摩擦。摩擦，根据定义，可以用足够的力量克服。当它被克服时，会发生"滑动"（slippage）或戏剧性爆发。再进一步推论，我们认为学者应该像他们克服展示政策变化的困难一样，对深刻的政策变化有兴趣。政策变化不大可能并不意味着不可能，而且通常最重要的变化发生在似乎没有什么大的变化前景的情况下。总而言之，僵持和堵塞与摩擦不一样，摩擦是一个更完整的想法，因为它兼顾了变革的阻力以及克服变革的障碍时的突然变化。一个关键的问题是，当某人连突发间断为什么出现都不清楚时，其是否能够理性地看待抗拒变化的原因？有意义的是，学者在传统上集中在某一方面，但是最近从间断的均衡角度来看，他们可能是同一过程的一部分（Jones and Baumgartner，2005）。摩擦、黏性和黏滑动力这些概念是这些思想的核心，但它们大多数是分析政策变化和制度设计的外来因素。

这意味着，仅仅假设对政策议题的注意力自动地导致政策改变是不够的。它还取决于政治制度中的摩擦或阻力水平，与其管理机构的结构有关。一些制度（如比利时、美国的制度）和其他制度（如丹麦、英国的制度）的摩擦较大，因此政策标点的大小在国家之间是不同的。摩擦较大的国家的政策标点比摩擦较小的国家要少，因为摩擦通常会延迟政策调整但不能消除它们（Baumgartner et al.，2009a；Jones et al.，2009a）。这些都是一般的趋势，当然，对一个政策议题的关注是有可能的，但永远不会实现，因为另一个问题取代了政策制定的议程。此外，各行动者愿意采用正式政治结构的规则和程序来拖延或推迟就某一问题采取的政策行动；政治策略和策略的标准考量并不局限于比较政治的次要背景。它们取决于信息的流动，并将集体的注意力转移到它上面。

七 比较公共政策研究的基础设施发展

政策动力机制观点为在跨国、跨政策领域以及在各种政治环境下在真正的比较框架下研究政策制定提供了有前途的途径。这种方法在几年前被认为是不可思议的大数据收集。在这一特别问题上提出的研究是基于一种普遍的方法对 11 个国家和许多不同的决策地点的一套完整的问题类别的注意力进行衡量。目前，构成议程项目核心的各种数据库中共有 150 多万件可比较的事件。在这一节中，我们将提供关于基本分类系统的逻辑的更多细节，以及可以进行比较的决策活动类型，并构建这样一个系统应对比较研究的一些挑战。

用于比较社会科学研究的政策议题分类系统必须是全面的，涵盖许多国家所涉及的全部问题。如果议题是相互排斥的（关于一个议题的事件不是关于另一个议题的事件），那么这样的议题系统对于时间序列分析更有用。最后，这些议题必须随着时间的推移而不断地在国家之间应用。在其他地方，我们写了为什么关键字系统和现成的索引系统不能满足这些标准（Baumgartner et al.，2002）。

在比较政策议程项目中，每个事件（例如法律、听证会、部长的议会议题）都会被划分为 21 个主要议题中的 1 个（见表1），以及属于这些议题的 240 个子议题中的 1 个。例如，"环境"（environment）这一议题包括"空气污染"（air pollution）和"物种与森林保护"（species and forest protection）等几个子议题。每个事件（演讲中的一个句子、一个法案、一个议会问题）都被分配给一个子议题和一个主要的议题。我们使用"过滤器"（filters）系统对项目的相关方面进行编码，例如，美国的听证会是否由总统支持。我们不提供每个项目的多个议题分配，因为这样难以建立一致和可靠的时间序列。在这方面，我们对国民收入和产品账户的结构进行了一般的建模，所有国家都使用这些账户对国内生产总值的要素进行分类。任何给定的经济交易通常都会对多个组成部分产生影响，但是增加多个代码将使追踪 GDP 组成部分的变化成为不可能。

表1　比较政策议程项目的主要议题

1. 宏观经济学
2. 公民权利、少数群体问题、公民自由
3. 健康
4. 农业
5. 劳工、就业和移民
6. 教育
7. 环境
8. 能源
10. 交通
12. 法律、犯罪和家庭问题
13. 社会福利
14. 社区发展和住房问题
15. 银行、金融、国内商业
16. 防御
17. 空间、科学、技术、通信
18. 外贸
19. 国际事务和外援
20. 政府行动
21. 公共土地和水资源管理

注：原文中没有 9 和 11，故此处也未列出。

议题分类系统最关心的是编码的可靠性，因此编码需要经过严格的编码器可靠性测试。训练有素的编码员根据一套通用的指导方针，在阅读文本或事件摘要后，而不是根据自动的关键字过程，对议题和子议题进行分配。越来越多的国家团队利用计算机程序来识别近乎重复的陈述，并且在许多情况下根据大量单词和短语的出现频率准确地分配代码，但是无论如何，这些都是人类编码者的助手，而不是替代品。

不同国家的团队领导定期解决并分享有关新事件应如何编码的问题，并定期评估编码人员的准确性和编码器的可靠性。另外，随着这些项目的成熟，我们正在试验机器学习方法，这些方法将减少 80% 或更多的劳动力需求（Hillard et al.，2008）。

表 1 中显示的主要议题最初是作为美国政策议程项目的一部分被开发的。比较政策议程项目的一个早期问题是，这些议题（及其潜在的子议题）是否也适用于其他国家。我们惊喜地发现，大多数议题能很好地抓住各国的核心问题。超过 90% 的子议题都以同样的方式应用于所有国家。

遇到的有限的差异倾向于围绕两个问题展开。第一个问题是，现有的分类系统并不总是涵盖其他国家经济或政治的重要领域，因为在美国，这些领域并不重要。在丹麦，捕鱼是一个比美国更重要的政策问题。在西班牙，政府和自治区之间的谈判是一个重要的政治问题，而这样的谈判并不是美国政府议程的重要组成部分。在每种情况下，我们都通过添加新的子议题来改变原来的议题系统。在农业这个主要议题下，钓鱼被作为一个专门的子议题加入。自治区被添加到政府行动（议题 20）中。同样，国际事务和外援（议题 19）的子议题最初是在美国国际关系的基础上构建的，其他国家显然有不同的国际取向，所以这是另外一个需要增加子议题的领域。例如，与欧盟的关系是该项目中大多数国家政治事务中的核心问题，除了美国。

第二个问题与现有的子议题如何在主要议题内分组有关。在美国，移民问题属于劳动、就业和移民的子议题。在其他国家，移民讨论往往集中在社会融合或公民权利问题上，这些问题与主要议题公民权利、少数群体问题、公民自由对应。通过允许研究人员在调查中纳入或排除给定的子议题，可以轻松管理这些类型的差异。因此，法国和西班牙公民权利和自由的研究者可能会在其研究中纳入移民的子议题，而在美国研究公民权利和自由的研究者则会排除这一子议题。

比较项目的核心挑战是确定哪些政府活动指标是最合适的。表 2 显示了

表 2　比较政策议程项目的最新数据

指标	英国	西班牙	丹麦	荷兰	法国	意大利	苏格兰	美国	比利时	德国	瑞士
法律	1911~2008年	1977~2007年	1983~2006年	1980~2009年	1986~2007年	1987~2006年	1998~2008年	1948~2007年	1988~2008年	1973~2002年	1978~2008年
预算	1910~2007年		1971~2005年		1820~2006年			1947~2009年		1964~1999年	
议会质询		1977~2007年	1983~2003年	1984~2009年	1984~2007年		1998~2008年	1947~2008年	1988~2008年	1953~2005年	
法案		1977~2007年	1983~2006年				1998~2008年	1947~2000年	1988~2008年	1965~2002年	
滚动呼叫年						1987~2006年		1947~2004年			
党派（宣言）			1953~2007年			1979~2008年			1977~2008年	1953~2005年	1978~2008年
官方演讲	1911~2008年	1982~2007年	1953~2007年	1945~2009年	1958~2008年			1947~2005年	1993~2008年	1965~2002年	
官立：委员会				1963~2007年	1986~2007年				1995~2008年		
政府：政府协议							1945~2003年		1991~2008年	1965~2002年	
行政命令					1986~2007年						
法院					1986~2007年			1947~2006年		1960~2002年	1978~2008年

续表

指标	英国	西班牙	丹麦	荷兰	法国	意大利	苏格兰	美国	比利时	德国	瑞士
媒体		2000~2010年	1984~2003年					1946~2005年	2000~2008年		
公众意见（MIP）	1940~2008年	1994~2007年	1970~2008年					1939~2007年		1977~2006年	
直接民主											1848~2008年
议会干预											1978~2008年

注：MIP＝最重要的问题。我们这里没有包括美国宾夕法尼亚州的信息，但是这个项目已经完成了这里报道的数据。我们排除了刚刚开始在以色列、澳大利亚、欧盟和中国香港的项目。西班牙的数据是省级政府的某些信息。美国的数据是用于听证而非质询。

迄今为止为议题分类的活动指标。一些指标对于所研究的大多数国家来说是相同的，例如法律、官方演讲、预算或媒体。在其他情况下，出于类似目的的活动（如议会问题和国会听证会）可以作为比较的潜在点。任何比较研究都是如此，这种比较的有效性需要考虑和辩护。这个专题的文章开始就做到了这一点，并且这个项目具有长期潜力，是非常有前途的。

最后，我们仔细准备了这些数据集，并打算尽快让所有用户免费使用这些数据集。这些数据集许多已经在线。① 但是，我们承认它们不会为所有目的服务。我们鼓励其他人为我们所收集的信息添加额外的变量，为学术界建立更大价值的基础设施。我们所有的数据都包含源信息，允许用户识别原始文档，甚至可以极大地促进那些在我们的项目中没有设计的编码和数据的收集。因此，该项目作为公共记录的索引，可以有效识别与移民议题相关的所有政府行为，学者可以从中更详细地了解文件中所列的比我们这里包括的还要多的政策偏好。不可避免地，我们的全面的愿望使我们看到最大规模的趋势。但是，我们所做的工作也应该促进更详细和定性的分析。

八 容量结构

以下每篇文章都使用了比较议程项目中的各种数据，并说明了政策动力机制方法潜力的不同方面。除最后一篇是关于西班牙正在出现的分散化的区域化治理结构内的政府间关系外，每一篇都是跨国合作的结果。首先，彼得·莫滕森主导的第一篇文章重点介绍了英国、丹麦和荷兰行政部门优先考虑的"王座演讲"（speech from the throne）。文章的重点是选举的影响有限，但在确定执行优先事项方面，事件和外部事态发展的作用更大。其次，威尔·詹宁斯牵头的研讨会也侧重于六个国家的行政演讲，并展示了政府"核心职能"（core functions）的重要性。某些被认为是政府核心的问题实际上总是在"议事日程"（on the agenda）上，而其他问题则只是在某些时期才成为被关注的对象。再次，由伦斯·维列根察特和斯蒂芬·瓦尔格雷夫主讲的议会问题时间在确定比利时议会和丹麦议会议程方面的作用。从次，克里斯蒂·布雷尼格分析了四个国家的预算变化，从比较角度解决了稳定

---

① 见 http://www.comparativeagendas.org/，此网站可链接到个别国家项目。

和变化的问题。最后，劳拉·卡修斯·波拿巴和安娜·M. 帕劳·罗克探索了西班牙新自治区之间的新兴关系。这些文章中的每一篇都探讨了注意力转移的原因以及注意力与选举在确定国家政府的方向和重点方面的变化中的相对作用的类似问题。此外，每个人都使用类似的研究方法和一个公共的、公开的数据集。我们提出构成这个特殊问题的文章，作为研究比较政治和比较公共政策的政策动力机制方法的潜力的第一个陈述。虽然这些文章没有全面地介绍这种方法的潜力，但是它们潜力的确很大。我们希望熟悉比较制度和比较公共政策研究的读者能够受到这里所采取的创新的影响。使用共同的数据资源，可能会解决许多新的问题，也可能会回答一些老问题。

注释

这个特刊首次向比较议程项目介绍了许多读者。这家总部位于美国的项目早已将所有数据资源通过网站 www. policyagendas. org 提供，并且包含一个数据分析工具，用户无须任何特殊培训即可在线分析数据。比较议程项目也在网上提供了大量的数据，并且当数据收集项目接近完成时，所有项目都将这样做。我们还计划开发基于网络的分析工具。我们的网站 www. comparativeagendas. org 提供了一个门户网站，通过它可以找到有关所有比较项目的信息、参考书目以及构成我们合作网络的每个国家项目的链接。

1. 数据来自西格尔曼和布埃尔（Sigelman and Buell, 2004），并且从他们的表格中将"可信度或坦率"（credibility or candor）、"肮脏的技巧"（dirty tricks）和"意识形态"（ideology）排除，因为它们不是政策问题。包含这三个术语将加强而不是削弱图 2 所示的趋势。

2. 关于黏滑动力学的综述参见肖尔茨（Scholz, 2002）和特科特（Turcotte, 1997）的研究。特科特也将这些描述为"滑块模型"（slider-block models），实验是将一个块滑过一个表面；摩擦力会将其保持在一个位置上，直到运动的力量超过站立摩擦力，"滚动摩擦力"（rolling friction）可能会小于使块体首先移动所需的力（Burridge and Knopoff, 1967）。

参考文献

Adler, E. S. , and J. D. Wilkerson. 2010. "How Policies Evolve. " Paper Presented at the Annual Meetings of the Western Political Science Association, San Francisco, CA.

Arrow, K. 1970. *Social Choice and Individual Values.* New Haven, CT: Yale University Press.

Austen-Smith, D. 1993. Information Acquisition and Orthogonal Argument. In *Political Economy: Institutions, Competition, and Representation*, edited by Barnett, W. A., M. J. Hinich, and N. J. Schofield, p. 407. New York, NY: Cambridge University Press.

Bachrach, P., and M. Baratz. 1962. "The Two Faces of Power."*American Political Science Review* 56:947 – 952.

Baumgartner, F. R., and B. D. Jones. 2009. *Agendas and Instability in American Politics* (2nd ed.). Chicago: University of Chicago Press.

Baumgartner, F. R., B. D. Jones, and J. D. Wilkerson. 2002. Studying Policy Dynamics. In *Policy Dynamics*, edited by Baumgartner F. R., and B. D. Jones, pp. 29 – 46. Chicago: University of Chicago Press.

Baumgartner, F. R., C. Breunig, C. Green-Pedersen, B. D. Jones, P. B. Mortensen, M. Nuytemans, and S. Walgrave. 2009a. "Punctuated Equilibrium in Comparative Perspective." *American Journal of Political Science* 53:602 – 619.

Baumgartner, F. R., S. Brouardb, and E. Grossmanc. 2009b. "Agenda-Setting Dynamics in France: Revisiting the' Partisan Hypothesis'."*French Politics* 7(2):57 – 95.

Budge, I., and H. Keman. 1990. *Parties and Democracy.* New York, NY: Oxford.

Budge, I., and R. I. Hofferbert. 1990. "Mandates and Policy Outputs: US Party Platforms and Federal Expenditures." *American Political Science Review* 84:111 – 132.

Burridge, R., and L. Knopoff. 1967. "Model and Theoretical Seismicity." B*ulletin of the Seismology Society of America* 57:341 – 371.

Cobb, R. W., and C. D. Elder. 1972. *Participation in American Politics: The Dynamics of Agenda-Building.* Baltimore, MD: Johns Hopkins University Press.

Cohen, B. 1963. *The Press and Foreign Policy.* Princeton, NJ: Princeton University Press.

Cox, G. W., and M. D. Mc Cubbins. 2005. *Setting the Agenda: Responsible Party Government in the US House of Representatives.* New York, NY: Cambridge University Press.

Damore, D. F. 2004. "The Dynamics of Issue Ownership in Presidential Campaigns."*Political Research Quarterly* 57:391 – 397.

Damore, D. F. 2005. "Issue Convergence in Presidential Campaigns."*Political Behavior* 27 (1):71 – 97.

Dearing, J. W., and E. M. Rogers. 1996. *Agenda-Setting.* London, UK: SAGE.

Gilliam, F. D., and S. Iyengar. 2000. "Prime Suspects: The Influence of Local Television News on the Viewing Public."*American Journal of Political Science* 44:560 – 573.

Green-Pedersen, C., and P. B. Mortensen. 2009. "Who Sets the Agenda and Who Responds to It in the Danish Parliament? A New Model of Issue Competition and Agenda-Setting. "*European Journal of Political Research* 49: 257 – 281.

Hall, P. A. 1986. *Governing the Economy: The Politics of State Intervention in Britain and France.* New York, NY: Oxford University Press.

Hall, P. A. 1989. *The Political Power of Economic Ideas: Keynesianism Across Nations.* Princeton, NJ: Princeton University Press.

Hall, P. A. 1993. "Policy Paradigms, Social Learning, and the State: The Case of Economic Policy Making in Britain. "*Comparative Politics* 25: 275 – 296.

Hillard, D. , S. Purpura, and J. Wilkerson. 2008. "Computer Assisted Topic Classification for Mixed Methods Social Science Research. " *Journal of Information Technology &Politics* 4(4): 31 – 46.

Iyengar, S. , and D. R. Kinder. 1987. *News That Matters: Television and American Opinion.* Chicago, IL: University of Chicago Press.

Jones, B. D. 2001. *Politics and the Architecture of Choice.* Chicago: University of Chicago Press.

Jones, B. D. , and F. R. Baumgartner. 2005. *The Politics of Attention: How Government Prioritizes Problems.* Chicago, IL: University of Chicago Press.

Jones, B. D. , and J. B. Surface-Shafran. 2009. "Do Legislators Sometimes Vote Against Their Preferences?" Paper Presented at the American Politics Workshop, University of Chicago, Chicago, IL, January 26.

Jones, B. D. , F. R. Baumgartner, C. Breunig, and C. Wlezien. 2009a. "A General Empirical Law for Public Budgets: A Comparative Analysis. "*American Journal of Political Science* 53: 855 – 873.

Jones, B. D. H. Larsen-Price, and J. Wilkerson. 2009b. "Representation and American Governing Institutions. "*Journal of Politics* 71: 277 – 290.

Keeler, J. T. S. 1993. "Opening the Window for Reform: Mandates, Crises and Extraordinary Policymaking. " *Comparative Political Studies* 25: 433 – 486.

Kingdon, J. W. 1984. *Agendas, Alternatives, and Public Policies.* Boston, MA: Little, Brown.

King, G. , and M. Laver. 1993. "On Party Platforms, Mandates, and Government Spending. " *American Political Science Review* 87: 744 – 750.

Klingemann, H. D. , R. L. Hofferbert, and L. Budge. 1994. *Parties, Policies, and Democracy.* Boulder, CO: Westview.

Lapinski, J. S. 2008. "Policy Substance and Performance in American Lawmaking, 1877 – 1994. "*American Journal of Political Science* 52: 235 – 251.

Mc Combs, M. E. , and D. L. Shaw. 1972. The Agenda-Setting Function of Mass Media.

Public Opinion Quarterly 36: 176 – 187.

Mc Combs, M. E. , and J. H. Zhu. 1995. "Capacity, Diversity and Volatility of the Public Agenda: Trends from 1954 to 1994. " *Public Opinion Quarterly* 59: 495 – 525.

Muller, W. C. , and K. Strom. 1999. *Policy, Office, or Votes?* NewYork, NY: Cambr-Idge University Press.

Petrocik, J. R. 1996. "Issue Ownership in Presidential Elections, with a 1980 Case Study. " *American Journal of Political Science* 40: 825 – 850.

Rasch, B. E. , and G. Tsebelis. 2010. *The Role of Governments in Legislative Agenda Setting.* New York, NY: Routledge.

Riker, W. H. 1986. *The Art of Political Manipulation.* New Haven, CT: Yale University Press.

Riker, W. H. 1988. *Liberalism Against Populism.* Prospect Heights, IL: Waveland Press.

Riker, W. H. 1995. *Agenda Formation.* Ann Arbor: University of Michigan Press.

Riker, W. H. 1996. *The Strategy of Rhetoric.* New Haven, CT: Yale University Press.

Schattschneider, E. E. 1960. *The Semi-Sovereign People.* New York, NY: Holt, Rinehart & Winston.

Scholz, C. H. 2002. *The Mechanics of Earthquakes and Faulting* (2nd ed.). New York, NY: Cambridge University Press.

Shepsle, K. A. , and B. R. Weingast. 1981. Structure-Induced Equilibrium and Legislative Choice. *Public Choice* 37: 503 – 519.

Shepsle, K. A. , and B. R. Weingast. 1987. "The Institutional Foundations of Committee Power. "*American Political Science* Review 81: 85 – 104.

Sigelman, L. , and E. H. Buell. 2004. "Avoidance or Engagement? Issue Convergence in US Presidential Campaigns, 1960 – 2000. " *American Journal of Political Science* 48: 650 – 661.

Simon, A. F. 2002. *The Winning Message: Candidate Behavior, Campaign Discourse, and Democracy.* New York, NY: Cambridge University Press.

Stimson, J. A. 1999. *Public Opinion in America: Moods, Cycles, and Swings* (2nd ed.). Boulder, CO: Westview.

Turcotte, D. L. 1997. *Fractals and Chaos in Geology and Geophysics* (2nd ed.). New York, NY: Cambridge University Press.

Walgrave, S. , J. Lefevere, and M. Nuytemans. 2009. Issue Ownership Stability and Change: How Political Parties Claimand Maintain Issues Through Media Appearances. *Political Communication* 26: 153 – 172.

网络信息影响力形成中的经验曲线效应
及其政策启示

谢秋山　范夏雨[*]

摘　要： 辨识网络信息影响力的形成机制对于建立健全网络综合治理体系，尤其是规范网络文化传播秩序具有重要的意义。基于 CGSS 2013 数据，应用无序多分类 Logistic 回归模型，本文主要检验网络媒介使用对网络信息影响力的影响。研究结果发现：网络媒介依赖负向影响网络信息影响力，即表现为，相较于非网络媒介依赖者，网络信息对网络媒介依赖者的影响更弱；教育水平和地区差异也是影响网络信息影响力的重要因素。这也就意味着，经验曲线效应适用于理解当前我国网络信息影响力的形成机制；网络文化治理则要致力于增进网民的经验学习。

关键词： 网络信息影响力　网络文化　媒介依赖　经验曲线效应

一　问题的提出

文化是一种战略产品，它需要政府政策的关注（Stanley，2005）。而随着互联网信息技术的广泛应用，尤其是网络文化的兴起，文化作为战略产品的特性更是被凸显无疑，需要政府给予特别关注，并采取科学政策予以

---

* 谢秋山，湘潭大学公共管理学院讲师；范夏雨，湘潭大学公共管理学院硕士研究生。

应对。从战略产品的属性看，"成为大众文化的主流表现方式"（蒋建国，2017：132-140）的网络文化是一把"双刃剑"。作为一种与互联网信息技术相伴而生的新的文化传播与创作形式，网络文化已成为文化建设的重要组成部分，成为"塑造国家形象、维护国家文化安全的重要载体和渠道"（孙景珊、张宇，2018：82-87），却也给文化繁荣进步和国家文化治理带来了新的挑战。根据2019年发布的第44次《中国互联网络发展状况统计报告》，截至2019年6月，我国网民规模达8.54亿，互联网普及率达到61.2%，并且保持持续稳步增长的势头；网络游戏用户规模为4.9356亿，占网民总数的57.8%；网络文学用户规模达到4.55亿，占网民总体的53.2%；网络视频用户达到7.59亿，占网民总数的88.8%；网络音乐用户达到6.08亿，占网民总数的71.1%。可以说，互联网正在逐渐取代以报纸、广播和电视为代表的传统媒体成为人们获取信息的主要平台，也正在逐步取代电影院、图书馆、美术馆、纪念馆、文化馆等实体文化休闲娱乐场所成为满足人们文化需要的主要平台。但互联网信息技术的快速发展也给文化的传播与发展带来了诸多负面的影响。一方面，网络的虚拟性、匿名性、平民化和自主性引致网上的道德失范、诚信缺失现象频发，并导致了互联网信息质量参差不齐，尤其是网络谣言、颓废文化和淫秽、暴力、迷信等违背社会主义核心价值观的有害信息会严重侵蚀青少年身心健康，败坏社会风气，误导价值取向，危害文化安全，严重恶化社会舆论环境与互联网使用环境，影响青年大学生的正常社会化过程。另一方面，受到网络开放性和共享性特征影响，网络亚文化迅速崛起，网络上各种思想文化相互激荡、交锋，优秀传统文化和主流价值观面临严重冲击，主流价值文化受到威胁。如此，探究网络信息传播影响力的形成机制，并据此构建科学的、综合的网络文化治理体系已经成为一个迫切的具有现实意义的重要问题。

也正是基于上述背景，国家高度重视网络文化治理，把提高网络治理能力、规范网络文化传播秩序确定为国家文化治理的重要任务。而规范网络文化传播秩序，就必须要规范网络信息传播秩序，遏制违法有害信息的网上传播。2016年发布的《国家信息化发展战略纲要》也明确提出，要把规范网络信息传播秩序、遏制违法有害信息网上传播作为规范网络文化传播秩序的一个核心举措。而规范网络信息传播秩序就必须要理清网络信息传播影响力的形成机制，科学制定有针对性的管理对策。有鉴于此，本文将基于 2013 年中国综合社会调查（CGSS 2013）数据，检验一组相互竞争的理论——媒介依赖理论和经验曲线效应理论对于解释网络信息传播影响力的适用性，并据此提出进一步完善网络文化治理体系的对策建议。

二　理论假设、数据来源与变量说明

（一）理论假设

对应信息传播者和信息接收者，社会科学领域至少可能存在两种相互竞争的理论来解释网络信息影响力的形成机制。一个是传播学所主张的媒介依赖理论（Media System Dependency Theory），它从信息传播者的角度着手，强调信息传播渠道所代表的传播者可信度对于信息传播效果至关重要（卡尔·霍夫兰等，2015：16、146）；另外一个是经验曲线效应理论，它从信息接收者角度入手，强调作为理性思维训练重要途径的经验学习对一个人关注、辨识、解读和吸收各类信息的能力至关重要。

媒介依赖理论认为受众是"暴露"在大众传媒的影响和冲击之下的，受众对媒介信息依赖的程度是理解媒介信息何时与为什么影响受众信仰、行为和情感的关键变量；受众对某种媒介信息的依赖性越强，其引起人们关注的程度和投入情感的程度也就会越高，进而对受众的影响力也就越大（Ballrokeach and Defleur，1976）。这也就意味着，受众极有可能因为频繁使用或者过度依赖某种媒介渠道而更容易受到该媒介渠道信息的影响。而在互联网快速普及的现代社会，网络媒介正逐渐成为一种被频繁使用，甚至是被过度依赖的媒介。比如，根据 2009 年发布的第 44 次《中国互联网络发展状况统计报告》，我国 77.5% 的网民认为其生活离不开互联网，还有 16.4% 的被调查者表示一天不上网就感觉很难受。可见，人们对网络媒体的依赖已经成为一个不争的事实。

而管理学中的经验曲线效应理论（Experience Curve Effects）则认为，人们对信息的理解与认知取决于作为受众的个体的经验学习。在经验曲线效应倡导者看来，无论是个体层面，还是组织层面，都存在"熟能生巧"的逻辑，即随着时间的推移，频繁使用某种媒介所积累的经验会极大地增强受众对该种媒介信息的辨别力，进而避免受到虚假和不良信息的影响。它的核心作用机制在于学习。更为明确地说，经验曲线效应的形成与"干中学"（learning by doing）、"试错过程"（trial and error）是直接相关的，即它强调人类通过吸取自己实践试错而获得的宝贵经验对知识增长的重要性。尤其是对个人而言，通过"干中学"而获得的直接经验对于自身的认知发展是至关重要的。这种学习可以被分解为两类，一类是知识内容的转移，另一类是学习过程的转移。前者指先前获得的知识对后续经历的借鉴作用；后者指学会学习，尤其是学会在新的问题情境中吸收和加工特定信息的方法（Schilling et al.，2003）。在这两类学习机制的共同作用下，人们的理性判断能力与信息辨识能力都会得到极大的增强，进而能够在复杂的不确定性环境下做出更理性的选择。具体到网络信息影响力来看，获得较多经验的学习者会更理智，更少受到纷杂的网络信息影响。

有鉴于此，在此提出本文的研究假设，更为明确地说，是一组相互竞争的研究假设。

假设1.1：与非网络媒介依赖者相比，网络信息对网络媒介依赖者的思想和行为影响力更强。

假设1.2：与非网络媒介依赖者相比，网络信息对网络媒介依赖者的思想和行为影响力更弱。

承前所述，经验曲线效应与学习机制息息相关，而学习能力与个体认知能力息息相关，尤其是个体认知能力将在很大程度上决定学习的效果。所以，考察经验学习曲线效应时不得不考虑个体认知能力的影响。受生命历程和我国高等教育普及化的影响，尚处于社会化初级阶段的19岁以下青少年，以及更可能受"数字鸿沟"影响的40岁以上人群，由于其个体认知能力有限，可能更容易受到网络信息的影响。而根据2021年发布的第47次《中国互联网络发展状况统计报告》，19岁以下和40岁以上网民分别占网民总体的16.6%和45.1%，互联网向低龄和高龄人群渗透趋势明显。所以，个体认知能力可能是影响19岁以下低龄人群和40岁以上高龄人群信息辨别能力的重要因素。据此，可以提出本文的第二组研究假设。

假设2：个体认知能力越强，个体受到网络信息的影响越弱；反之，如果个体认知能力较弱，则个体易受到网络信息的影响。

（二）数据来源

本研究所使用的原始数据来源于由中国人民大学联合全国各地的学术机构共同执行的中国综合社会调查。从2003年开始，该调查项目每年都会对全国各地 1 万多户家庭进行分层抽样调查。2013 年为中国综合社会调查（CGSS）第二期（2010 ~ 2019 年）的第 4 次年度调查。该次调查在全国一共调查 480 个村/居委会，每个村/居委会调查 25 个家庭，每个家庭随机调查 1 人，总样本量约为 12000 个。其中，在抽取初级抽样单元（县区）和二级抽样单元（村/居委会）时，利用人口统计资料进行纸上作业；而在村/居委会中抽取要调查的家庭时，则采用地图法进行实地抽样；在家庭中调查个人时，利用 KISH 表进行实地抽样。经过数据清理，最后样本量为 10724 个个案，删除缺失值，尤其是去除从不使用互联网的个案后，剩余个案为 2255 个。

（三）变量说明

1. 因变量

本文因变量为"网络信息影响力"，用来测量网络信息对被调查网民思想和行为的影响程度。测量网络信息影响力的意义就在于，通过辨识网络信息影响力形成的影响因素，制定有针对性的网络文化治理对策，进而增强治理实效，做到"有的放矢"。在 CGSS 2013 调查问卷中有这样一个相关问题可以用来测量"网络信息影响力"，即"从网络中获得的信息（文字、图片、视频等）对您的思想行为影响如何？"，问卷答案赋值分别为："1 = 影响很大"、"2 = 有一些影响"、"3 = 影响不大"和"4 = 完全没影响"。

2. 自变量

本文有两个自变量，分别是"网络媒介依赖"和"个体认知能力"。

（1）网络媒介依赖。网络媒介依赖与经验曲线效应是"一体两面"。在测量网络媒介依赖的同时，也就在很大程度上测量了"经验曲线效应"。因为网络媒介依赖者也一定是频繁使用网络者，具备丰富的网络使用经验；相反，非网络媒介依赖者则一定是较少使用网络者，缺乏网络使用经验。这也是我们得用一个变量来检验一组相互竞争研究假设的原因所在。在 CGSS 2013 调查问卷中有这样一个问题用来测量被调查者在过去一年中对网络媒介的依赖程度，即"在以下媒体中，哪个是您最主要的信息来源？"，这些媒体包括报纸、杂志、广播、电视、手机定制消息、互联网（包括手机上网）。为了统计分析需要，本文中对答案进行重新赋值编码，凡选择报纸、杂志、广播和电视等非网络信息渠道作为主要信息来源者，界定为非网络媒介依赖者；凡选择手机定制消息和互联网（包括手机上网）的重新界定为网络媒介依赖者。

（2）个体认知能力。受到二手数据限制，"个体认知能力"通过一组关于语言能力的问题来加以测量，具体包括四个问题：①您觉得自己听普通话的能力是什么水平？②您觉得自己说普通话的能力是什么水平？③您觉得自己听英语的能力是什么水平？④您觉得自己说英语的能力是什么水平？答案赋值分为五类，即 1 = 完全听不懂（不能说）、2 = 比较差、3 = 一般、4 = 比较好、5 = 很好。由于 SPSS 主成分分析显示，只有前一个主成分特征根大于 1，而且这个主成分的累计方差贡献率低于 85% 的基准，用主成分分析进行权重设计的意义不大。所以，本文直接把这 4 个指标相加合成一个综合相对指标，用来测量个体认知能力。

3. 控制变量

在控制变量方面，本文除考虑性别、年龄、受教育程度、家庭收入等人口特征因素的影响之外，还把户口类型和地区等变量纳入统计模型之内。

把户口类型和地区纳入模型之中，则是考虑到信息化发展水平，尤其是"数字鸿沟"对城乡以及区域经济发展的影响。根据中国互联网络信息中心于 2016 年 11 月发布的《国家信息化发展评价报告（2016）》，我国无论是在城乡之间，还是在西部、中部、东部地区之间，在信息化发展水平方面都存在较大差距，这必将影响人们对网络信息的使用能力，也会影响人们的网络信息辨识能力。其中，西部、中部、东部和东北地区的划分依据是当前国家区域战略（西部大开发、中部崛起、东部优先发展和振兴东北），即内蒙古、广西、云南、贵州、陕西、甘肃、宁夏、青海、新疆、西藏、重庆和四川为西部地区，湖北、湖南、河南、山西、安徽和江西为中部地区，北京、天津、河北、山东、福建、海南、广东、上海、江苏和浙江为东部地区，黑龙江、吉林和辽宁为东北地区。纳入模型的各类变量的详细定义及描述性统计信息请参见表 1。

表 1　纳入模型各变量的描述性统计信息

变量类型	变量	性质	赋值	平均数	标准差
因变量	网络信息影响力	分类	1 = 影响很大，2 = 有一些影响，3 = 影响不大，4 = 完全没有影响	2.29	0.794
自变量	个体认知能力	离散	最小值为 4，最大值为 20	12.02	2.849
	网络媒介依赖	分类	1 = 网络媒介依赖者，2 = 非网络媒介依赖者	0.50	0.500

续表

变量类型	变量	性质	赋值	平均数	标准差
控制变量	年龄	连续	最小值为 18，最大值为 86	37.16	13.016
	性别	分类	0 = 女，1 = 男	0.54	0.499
	家庭收入	连续	最小值为 0，最大值为 9999999	1236052.16	3237444.925
	户口类型	分类	0 = 非农业户口，1 = 农业户口	0.40	0.490
	受教育程度	分类	1 = 初中及以下，2 = 高中水平，3 = 大专水平，4 = 大学本科及以上	2.29	1.121
	地区	分类	1 = 东部地区，2 = 中部地区，3 = 西部地区，4 = 东北地区	1.95	1.1140

三 模型选择、假设检验与统计结果分析

（一）模型选择

由于因变量是有 4 个水平的有序分类变量，本文首先尝试使用有序多分类 Logistic 回归模型，而 SPSS 统计分析显示：有序多分类 Logistic 回归模型无法通过平行线检验（Test of Parallel Lines），p 值为 0.000，小于 0.05 的最低水平，这也就意味着回归方程不平行，有序多分类 Logistic 回归不适用于本文数据资料。理论上，有序多分类 Logistic 回归模型无法通过平行线检验的主要原因有两个，即未能正确选择连接函数，或者系数随分割点变化而发生变化。前者需要通过更换连接函数来解决；后者则意味着有序模型不适用，需要考虑使用无序多分类 Logistic 回归模型。就前者而言，SPSS 统计分析软件提供了 Cauchit、Negative log-log、Probit、Logit、Complementary log-log 等五类连接函数。但遗憾的是，上述五类连接函数下的有序分类模型均未通过平行线检验，p 值均小于 0.05 的最低水平（见表 2）。这也就意味着各连接函数均无法满足平行线假设，有序分类模型不适用于拟合本文数据资料。所以，回归系数随分割点变换而变化的可能性就增大，可以考虑采用无序多分类 Logistic 回归模型进行拟合。

表 2 不同连接函数下有序分类模型的平行线检验信息

连接函数	Logit	Complementary log-log	Negative log-log	Probit	Cauchit
p 值	0.001	0.000	0.001	0.003	0.000

具体来看，由于本文中我们把因变量界定为 4 个水平，故需要建立 3 个广义 Logit 模型。我们用 χ_i 表示纳入模型的 2 个自变量，γ_k 表示纳入模型的 6 个控制变量，则广义 Logit 模型的一般形式如下：

$$\text{Log}\left(\frac{P_{1j}}{P_{4j}}\right) = \alpha_1 + \beta_{1i}\sum_{i=1}^{2}\chi_i + \theta_{1k}\sum_{k=1}^{6}\gamma_k \tag{1}$$

$$\text{Log}\left(\frac{P_{2j}}{P_{4j}}\right) = \alpha_2 + \beta_{2i}\sum_{i=1}^{2}\chi_i + \theta_{2k}\sum_{k=1}^{6}\gamma_k \tag{2}$$

$$\text{Log}\left(\frac{P_{3j}}{P_{4j}}\right) = \alpha_3 + \beta_{3i}\sum_{i=1}^{2}\chi_i + \theta_{3k}\sum_{k=1}^{6}\gamma_k \tag{3}$$

其中，P_{1j}、P_{2j}、P_{3j} 和 P_{4j} 分别代表网络信息影响力为影响很大的概率、网络信息影响力为有一些影响的概率、网络信息影响力为影响不大的概率和网络信息影响力为完全没有影响的概率；模型中以最后一类，即"网络信息影响力为完全没有影响"为基准，$P_{1j} + P_{2j} + P_{3j} + P_{4j} = 1$。$\chi_i$ 代表"网络媒介依赖"和"个体认知能力"两个自变量，$i = 1, 2$；γ_k 代表"年龄"、"性别"、"家庭收入"、"户口类型"、"受教育程度"和"地区"等控制变量，$k = 1, 2, 3, 4, 5, 6$；θ_{1k}、θ_{2k}、θ_{3k}、β_{1i}、β_{2i} 和 β_{3i} 为系数；α_1、α_2 和 α_3 为截距。

（二）基于无序多分类 Logistic 回归模型的假设检验

网络信息影响力检验模型拟合信息显示：包含自变量的模型的 -2 对数似然值为 4397.954，仅含截距的模型的 -2 对数似然值为 4617.879，含自变量模型的卡方为 216.795，并且似然比卡方检验结果显著性水平小于 0.001（见表 3），这说明至少有一个自变量的偏回归系数不为 0，模型非常有意义；同时，包含自变量的模型拟合优度明显好于仅包含截距的基础模型。

表 3　模型自拟和信息

模型	模型选用准则	模拟比测试		
	-2 对数似然值	卡方	自由度	显著性
仅含截距	4617.879			
含自变量	4397.954	216.795	36	0.000

表 4 报告的是用网络媒介依赖和个体认知能力预测网络信息影响力的无序多分类 Logistic 回归模型的参数估计结果。由估计结果可知：仅有网络媒介依赖、受教育程度和地区 3 个变量在不同程度上对网络信息影响力产生影响，个体认知能力和年龄、性别、家庭收入、户口类型等变量均对网络信息影响力没有显著性影响。具体来看有以下几点内容。

表 4　用"个体认知能力"与"网络媒介依赖"预测"网络信息影响力"的 Logistic 回归模型的估计结果

变量	模型 A1（影响很大/完全没有影响）		模型 A2（有一些影响/完全没有影响）		模型 A3（影响不大/完全没有影响）	
	系数	标准误	系数	标准误	系数	标准误
截距	3.184 ***	1.034	4.355 ****	0.928	3.798 ****	0.941
个体认知能力	0.073	0.052	0.021	0.046	− 0.038	0.046
网络媒介依赖	− 1.530 ****	0.270	− 0.571 **	0.239	− 0.417 *	0.244
年龄	− 0.014	0.100	− 0.021 **	0.009	− 0.002	0.009
家庭收入	0.000	0.000	0.000	0.000	0.000	0.000
性别	− 0.169	0.230	0.020	0.203	0.286	0.206
户口类型	− 0.016	0.270	− 0.041	0.240	0.042	0.244
受教育程度（参照组为"大学本科及以上"）						
初中及以下	− 0.549	0.431	− 0.833 **	0.386	− 0.724 *	0.393
高中水平	0.248	0.408	− 0.070	0.375	− 0.126	0.382
大专水平	− 0.139	0.406	− 0.406	0.374	− 0.447	0.383
地区（参照组为"东北地区"）						
东部地区	− 2.081 ****	0.432	− 1.093 **	0.413	− 1.192 ***	0.416
中部地区	− 1.229 **	0.490	− 0.867 *	0.467	− 1.022 **	0.471
西部地区	− 1.499 ***	0.490	− 1.076 **	0.467	− 1.023 **	0.471
Cox& Snell R^2	0.106					
Nagelkerke R^2	0.117					
Macffaden R^2	0.047					
N	2111					

注：* 代表 $p < 0.1$；** 代表 $p < 0.05$；*** 代表 $p < 0.01$；**** 代表 $p < 0.001$。

第一，模型 A1 中，就网络信息影响力为"影响很大"与"完全没有影响"的比较而言，网络媒介依赖显著负向影响网络信息影响力，即表现为，网络媒介依赖者对网络信息影响力评价为"影响很大"的概率与评价为"完全没有影响"的概率之比，较非网络依赖者的这一比值低约22%；而且其影响非常显著，显著性水平小于0.001。就地区的影响来看，地区也显著负向影响网络信息影响力，即表现为，与东北地区被调查者相比，东部、中部和西部地区被调查者都更倾向于表示网络信息对他们的思想行为"完全没有影响"；具体来看，东部、中部和西部地区被调查者认为网络信息对其思想行为"影响很大"的概率与认为"完全没有影响"的概率之比，较东北地区被调查者的这一比值分别低约3%、29%和22%。受教育程度则没有显著性影响。

第二，模型A2中，就网络信息影响力为"有一些影响"与"完全没有影响"的比较而言，网络媒介依赖同样显著负向影响网络信息影响力，即表现为，网络媒介依赖者对网络信息影响力评价为"有一些影响"的概率与评价为"完全没有影响"的概率之比，较非网络媒介依赖者低约57%，显著性水平小于0.005。就受教育程度的影响来看，受教育程度为"初中及以下"的被调查者认为网络信息对其思想行为"有一些影响"与认为"完全没有影响"的概率之比，较受教育程度为"大学本科及以上"的被调查者的这一比值要低约43%；受教育程度为"高中水平"和"大专水平"的被调查者与受教育程度为"大学本科及以上"的被调查者之间则没有差别。就地区的影响来看，地区同样显著负向影响网络信息影响力，即表现为，与东北地区相比，东部、中部和西部地区居民都更倾向于表示网络信息对他们的思想行为"完全没有影响"；具体来看，东部、中部和西部地区被调查者认为网络信息对其思想行为"有一些影响"的概率与认为"完全没有影响"的概率之比，较东北地区分别低约34%、43%和35%。

第三，模型A3中，就网络信息影响力为"影响不大"与"完全没有影响"的比较而言，网络媒介依赖也是显著负向影响网络信息影响力，即表现为，网络媒介依赖者对网络信息影响力评价为"影响不大"的概率与评价为"完全没有影响"的概率之比，较非网络媒介依赖者的这一比值低约66%，显著性水平小于0.1。就受教育程度的影响来看，受教育程度为"初中及以下"的被调查者认为网络信息对其思想行为"影响不大"与认为"完全没有影响"的概率之比，较受教育水平为"大学本科及以上"者的这一比值低约48%；受教育程度为"高中水平"和"大专水平"的被调查者与受教育程度为"大学本科及以上"被调查者之间同样没有差别。就地区的影响来看，与东北地区相比，东部、中部和西部地区居民都更倾向于表示网络信息对他们的思想行为"影响不大"。具体来看，东部、中部和西部地区被调查者认为网络信息对其思想行为"影响不大"的概率与"完全没有影响"的概率之比，较东北地区的这一比值分别低约31%、38%和37%。

（三）结果分析

综合模型 A1、模型 A2 和模型 A3，我们不难看出，只有网络媒介依赖、地区和受教育程度三方面因素显著影响网络信息影响力。第一，就网络媒介依赖的影响来看，网络媒介依赖者并未如理论预期的那样，思想和行为更容易受到网络信息的影响，而是较少受到影响。网络媒体依赖假设并未得到证实。相反，经验曲线效应假设得到了证实。这与已有研究结论也是相一致的。比如，邹霞和谢金文（2017：67-74）最近的实证研究就发现，网络媒介使用频率对在校大学生麻醉功能的影响是不显著的。这个结论也不难理解。人们从网络获取信息的目的是多样化的，随着信息社会的发展，人们极有可能因工作和学习需要而查阅相关网络信息，也有可能是因为娱乐休闲需要而浏览网络文化产品，甚至可能仅仅是为了打发无聊的时间而浏览网络信息或消费网络文化产品，依赖网络与信任网络信息是相互关联而又完全不同的两件事。而无论人们基于何种目的使用网络，作为一种不断发展创新的新兴事物，从处于社会化初期的青少年，到耄耋之年的长者，都需要学习网络使用的技巧，学习如何适应网络所创造的新环境。而"吃一堑，长一智"的直接经验学习又是效果最直接、最有效的学习，也正好契合经验曲线效应"熟能生巧"的逻辑——长期大量使用网络所积累的经验会极大地增强人们对网络信息的辨别力，进而理性判断铺天盖地的网络信息，避免受到虚假和不良信息的影响。

第二，地区则是另外一个影响被调查者网络信息影响力评价的重要因素。令人奇怪的是，东北地区被调查者比全国其他地区被调查者表现出更高的易受网络信息影响的特征。这里有两个可能的解释视角：一个是人口的视角，另一个是文化的视角。就人口视角来看，根据《中国青年报》提供的数据，1990~2010 年，东北地区 20~34 岁青壮年劳动力人口占该地区劳动力资源总量比例下降了 19%，远超过其他地区，比如，人口大省河南下降了约 8%，而广西只下降了约 1%（李新玲等，2015：7-14）。而在我国社会发展的现阶段，青壮年人口是互联网信息知识的主要掌握者，由于受到"数字鸿沟"的影响，尤其是"文化反哺"（cultural feedback）的广泛存在，缺少青壮年劳动力就意味着缺乏传播互联网知识的群体，19岁以下的低龄群体和40岁以上的高龄人群对网络信息的认知也就会相应地降低。如此，缺少青壮年劳动力的东北地区，其民众相对于全国其他地区民众也就极有可能更缺乏互联网信息防范意识，尤其是缺乏互联网信息真伪辨别能力。

第三，就受教育程度的影响来看，网络信息影响力仅在受教育程度最低者与受教育程度最高者之间存在显著差异，即与受教育程度为大学本科及以上者相比，受教育程度为初中及以下者在思想和行为上更容易受到网络信息的影响。这意味着受教育程度也是影响网络信息影响力评价的一个关键性因素。其背后的逻辑不难理解，即正规学校教育是一个启蒙心智和知识转移的过程，是人类个体社会化过程中不可或缺的关键环节，那些很少接受正规学校教育的被调查者其学习与网络相关知识的机会更少，其理性思维能力也得不到学校的专业培养，进而缺乏对网络信息的理性思考能力。当然，基于二手数据限制，本文统计模型中仅用语言能力代表个体认知能力是有缺陷的，未来需要设计更为科学的个体认知能力指标来考察个体认知能力对网络信息影响力的影响。

四　结论与政策建议

在迈向信息社会的今天，我们必须正视互联网信息技术发展给网络空间治理带来的新挑战，在明确网络文化传播影响力形成机制的基础之上，健全网络文化治理体系。从实证分析结果不难看出，经验曲线效应所代表的网络使用经验学习、受教育程度和地区差异是影响人们网络信息影响力评价的三个关键性因素。而这三方面因素如果任其自然演化，都是在短期内难以发生重大改变的因素。尤其是，受教育程度代表的个体认知能力差异和地区差异隐含的文化差异更是难以发生改变。有鉴于此，要进一步提升当前网络文化治理的效率和有效性，就要从加强经验学习的角度来展开行动。在经验学习影响下，网民能学习到辨识网络信息真假的知识，从而更理性地看待网络传播的信息，进而较少会因为这些信息而发生思想变动或做出行为改变。但经验曲线效应的启示不仅在于直接经验的价值，还意味着间接经验的重要性，意味着一切学习形式和教育培训的重要性。

综合而言，网络文化治理要坚持"惩前毖后、治病救人"原则，在强调强制性制度约束的同时，更要把主流文化供给形式创新与启发性教育培训结合起来，让网民增强自身信息辨识能力和提高网络道德水平，认同主流价值导向，自觉抵制非主流网络文化，尤其是非主流不良文化的诱惑和影响。

就主流文化供给形式创新而言，加强网络文化治理不仅是要强调法治与控制，还要把"供给侧"与"需求侧"协调起来，在加强管理落实的同时改革管理与服务提供的方式。具体来说，就是要改造先进主流文化的网络表现形式，增强其吸引力、生动性和用户体验性，即通过灵活多样的形式来展现主流文化，防止网民的"文化偷猎"行为（De Certeau，1984）；同时，还要通过政府购买和法律规范等多种形式让互联网信息服务企业，尤其是涉及网址导航的互联网信息服务企业把主流文化宣传网站链接置于"网址导航"页面的凸显位置，让信息贫困者能够更直接、更方便地涉猎主流网络文化，进而尽量挤占非主流网络文化的生存空间。

就启发性教育培训而言，与经验曲线效应强调的直接经验相类似，人类还可以通过学习他人的间接经验，即社会学习来获得相关知识，从而弥补自身直接体验有限性的不足。而后者在政策领域则意味着教育培训的重要性。大体上，经验学习可以被划分为两种：一种是直接经验学习的增强；另一种是间接经验的学习与内化。直接经验学习，或者说，"干中学"式的经验学习并非不可改变。国家可以通过"供给侧"的支持，比如基础网络设施、宽带提速降费等互联网的"供给侧"支持，提高信息贫困者对互联网服务的体验，进而增强其直接经验学习，增强其网络信息辨识能力。就间接经验的学习而言，国家可以通过宣传、教育培训所提供的间接经验来提高民众对网络信息的辨识能力。具体而言，各级政府相关管理部门要在依法加强对网络信息监管和加大对互联网不良信息打击力度的基础之上，更多地依靠创新教育宣传手段的方式来提高网民的网络信息安全意识和风险意识，尤其是提高其信息辨识能力。首先，在政府管理层面，可以通过各类媒体发布网络信息诈骗提醒，帮助民众识别虚假和违法信息特征；其次，在社区层面，可以通过开辟宣传专栏、散发宣传资料、召开居民会议等方式将宣传工作进一步落实到每一个居民身上；最后，政府有关责任部门还可以通过政府购买服务等方式，"分系统分领域培养一批高素质、高水平、敢担当、负责任的网民"充当"意见领袖"，承担起宣传主流文化和引导非主流不良亚文化的任务。

参考文献

蒋建国，2017，《技术与文化的变奏：中国网络文化发展的历史考察》，《社会科学战线》第 11 期。

〔美〕卡尔·霍夫兰、欧文·贾尼斯、哈罗德·凯利，2015，《传播与劝服：关于态度转变的心理学研究》，张建中、李雪晴、曾苑等译，中国人民大学出版社。

李新玲、张莹、吕博雄、陈墨，2015，《东北拉响人口警报》，《中国青年报》7 月 14 日，第 5 版。

孙景珊、张宇，2018，《网络文化传播与当代中国文化自信生成的路径探讨》，《理论导刊》第 1 期。

邹霞、谢金文，2017，《互联网使用对在校大学生麻醉功能的影响研究——基于对上海 4 所高校学生的调查分析》，《新闻界》第 8 期。

Ballrokeach, S. J. , and M. L. Defleur. 1976. "A Dependency Model of Mass-Media Effects. " *Communication Research* 3(1):3 – 21.

De Certeau, M. 1984. *The Practice of Everyday Life.* Berkeley: University of California Press.

Schilling, M. A. , P. Vidal, R. E. Ployhart, and A. Marangoni. 2003. "Learning by Doing Something Else: Variation, Relatedness, and the Learning Curve. " *Management Science* 49(1):39 – 56.

Stanley, D. 2005. "The Three Faces of Culture: Why Culture Is a Strategic Good Requiring Government Policy Attention. " In *Accounting for Culture: Thinking Through Cultural Citizenship*, edited by Andrew, C. , M. Gattinger, and S. M. Jeannotte, pp. 21 – 31. The University of Ottawa Press.

大数据时代末梢反腐的治理路径研究[*]

——以"互联网+监督"模式为例

陶富林^{**}

摘　要：互联网正在改变和影响我们的政治生活，新兴的"互联网+"大数据技术带来的海量数据汇集正在推动国家和基层治理结构与治理能力发生巨变。权力末梢反腐的信息不对称引发的监管风险、权力末端监管乏力、乡村"熟人社会"干扰三大治理困境亟待解决，治理方式的改革与创新迫在眉睫。"互联网+监督"技术的引入创新了治理方式、提升了治理效能，功能强大、效果显著。它通过为群众"直接监督"赋权，为政府"透明行政"赋能，实现了利用大数据自动对比追踪触发政府内部监督预警、充分借助互联网技术优势倒逼基层信息对外公开、运用"指尖反腐"对群众诉求快速回应。这不仅仅是基层政府运用新技术推进权力末梢腐败治理的成功探索，更是大数据时代权力末梢腐败治理模式向规范性、协同性和系统性方向转型的风向标。

关键词：大数据　末梢反腐　小微腐败

腐败是社会毒瘤，是治国理政面临的最大威胁，反腐斗争是全面从严治党的"必答题"，更是关系党和国家生死存亡的重大命题。党的十八大以来，在以习近平同志为核心的党中央的高度重视和正确领导下，腐败治理经历了一系列不平凡的革命性锻造，形成了反腐败斗争的高压态势。但是

---

* 本文系 2019 年湖南省研究生科研创新项目"'互联网+监督'治理'小微腐败'的路径研究"（项目编号：CX20190351）的阶段性成果。

** 陶富林，湖南师范大学公共管理学院硕士研究生。

腐败存量还未清底，增量仍有发生，我们依然不能放松警惕，依旧不能低估形势的严峻性和治理的复杂性。尤其是随着国家帮扶资金和改善民生项目不断向基层注入，基层人民群众身边"不收敛、不收手、不知止及廉而不为"的贪污、侵占、挪用等腐败顽疾没有完全根除。近几年的全国反腐大数据显示，"我国基层腐败案件的查处数量约占全国整体查处案件的90%以上，全国腐败问题通报数据显示，乡科级、村（居）干部占比高达96.95%，涉案金额最高达3094万元"（董石桃，2020：24－36）。要将反腐斗争"无禁区、全覆盖、零容忍"的原则贯彻执行到底，权力末梢的腐败治理无疑是反腐征途的"最后一公里"。由此，习近平总书记在党的十九届中央纪委四次全会上强调："要深入整治民生领域的'微腐败'、放纵包庇黑恶势力的'保护伞'、妨碍惠民政策落实的'绊脚石'……要认识到反腐斗争的长期性、艰巨性，切实增强防范风险意识，提高治理腐败效能。"同时，习近平总书记也曾在多个场合强调过不了互联网这一关，就过不了长期执政这一关。[①] 那么，面对腐败治理这一重大现实课题与当下"互联网＋"大数据这个社会转型的最大变量，政府应该如何利用新技术、新手段为权力末梢反腐注入新的活力？如何在发挥大数据反腐优势的同时规避技术治理带来的风险与挑战？这不仅是政府治理实践中亟待解决的现实难题，也是当前需要迫切关注和重点思考的理论问题。

一　当前学界关于权力末梢反腐的研究

虽然当前国内外学者在权力末梢腐败治理领域的研究成果丰硕、研究内容和研究视角均较为清晰，但中外政治体制、权力体系、文化背景的差异，使研究的差异性较大，再加上国外学者专门对我国权力末梢腐败治理的研究较少，所以本文把综述重点放在国内学者的研究上。从国内文献检索的结果来看，国内学者对基层权力末梢反腐的研究主要集中在以下五个方面。

（一）性质界定

权力末梢腐败也被称为群众身边的腐败、小微腐败、亚腐败、边缘腐

---

① 《学习问答 | 72. 如何理解"过不了互联网这一关，就过不了长期执政这一关"？》，共产党员网，2021 年 9 月 6 日，https：//www. 12371. cn/2021/09/06/ARTI1630883487244750. shtml。

败、雁过拔毛式腐败、苍蝇式腐败等。总的来看，当前的研究成果主要从权力来源、腐败程度以及是否触犯法律这三个层面对其进行性质界定。从权力来源来看，基层行政权力是权力末梢腐败的主要来源，具体是指掌握基层行政权力的行为主体滥用手中公共权力、损害公众利益、谋取私利的腐败行为。从腐败程度来看，权力末梢腐败在本质上与其他层级和类型的腐败没有区别，只是它涉及的腐败金额相对较少、产生的危害性较小、腐败程度较浅。从是否触犯法律来看，权力末梢腐败虽然一般尚未触碰到法律警戒线，但它却以极其危险的状态游离在违法犯罪的边缘。部分基层干部正是借助这种违法界定的模糊性来趁机侵害人民群众的切身利益（薛栋，2019）。

（二）危害程度

现有研究将权力末梢腐败的危害概括为三种。一是政治性危害，发生在权力末梢的腐败是破坏干群关系的幕后黑手，它会加深群众对党和政府的信任危机，影响党和政府的形象。这种腐败一旦泛滥成灾会严重破坏基层政治生态环境，逐渐侵蚀中国共产党在基层的执政根基。二是经济性危害，基层一旦出现贪腐行为，扶贫惠民资金可能就难以用之于民，从而会损害人民群众切身利益，扰乱当地的市场经济秩序，乡村集体财产和国家资产安全都将面临严重冲击。三是社会性危害，党风政风与社会风气紧密相连，一旦权力末梢腐败行为肆意猖獗，这种行为会逐步由公权领域蔓延到其他领域带偏社会风气，引发社会危机。

（三）发生机理

学界认为权力末梢腐败的发生机理主要表现在四个方面。一是权力博弈，基层权力末梢腐败从根本上来看是国家行政体系与基层自治制度之间的权力规范问题，是国家行政权和基层自治权相互博弈的结果。二是制度漏洞，基层选拔任用制度的缺陷导致基层选举恶性竞争；监管制度的漏洞导致基层权力末梢腐败行为缺乏强劲有力的惩处；薪酬激励制度的不完善是基层干部谋取灰色收入最为直接的现实原因。三是心理动机，轻视心理认为基层监管渠道少，腐败涉嫌金额少，即便被发现也不会受到严重惩罚；从众与失衡心理认为，有些干部看到别的干部通过腐败"致富"会跟风腐败。四是人情关系网络助推，农村熟人社会的特殊性为权力末梢腐败提供了关系网，特别是家族势力、裙带关系延伸了基层干部的腐败触角，基层社会的"舆论沉默"进一步助长了末梢腐败之风。

（四）现实困境

现有研究将权力末梢反腐的现实困境归为三点。一是监管能力弱，随着国家不断加大对乡村的扶持力度，基层各种惠民资金工程量增大，但基层监察力量依旧未增加，这导致基层监管人员十分紧缺，二者之间的矛盾日益凸显（余雅洁、陈又权，2018：23-28）。二是一些干部素质低，在治理权力末梢腐败的实践中容易带入个人主观色彩，缺乏公平与客观的评价指标，再加上各级之间消极配合、监督缺位、监督不严的现象逐渐增多，更加不利于基层小微腐败的协同治理。三是社会干扰强，农村熟人社会的特殊性为腐败主体提供了关系网，特别是一些干部借助家族势力、裙带关系延伸了腐败的触角，基层民众碍于熟人情面的"舆论沉默"也进一步助长了基层贪腐之风（李明，2017）。目前在基层还出现了公职人员与黑恶势力等社会群体相互勾结的新现象，这是当下权力末梢反腐面临的新挑战（马燕，2017）。

（五）治理路径

现有研究针对末梢反腐的治理困境主要提出了四种治理路径。一是制度路径：完善基层干部的管理制度、强化执纪监督、建立自上而下的反腐败体系、拓宽举报渠道、打造立体化多角度的监督格局（吕永祥、王立峰，2019：41-45）。二是文化路径：强化基层干部的从政理念，培育基层干部的廉洁价值观，同时要增强基层群众自身的责任感，让群众真正参与到监督中来。三是帮扶路径：主要是发挥基层定点帮扶和对口支援的驻村单位和干部的帮扶作用，担负扶贫重任的同时要肩负起"扶纪"的责任。四是薪酬增长路径：进一步完善基层工作人员的工资发放结构，优化薪酬体系，建立工资正常增长机制。除此以外，更多的学者则是从综合性的视角来探讨末梢反腐的治理路径，例如构建"制度+教育+监督"三位一体综合惩防模式。

综上所述，虽然学者们从多角度对权力末梢的腐败治理问题进行了探析，但是从整体来看其内容大都局限于对基层一般腐败问题对策的现象描述层面，在实质性的治理对策层面的研究比较薄弱，缺乏具体的治理样本和对治理经验的总结与提炼。纵观当前政府体制改革的大趋势，互联网技术与治理的结合愈加紧密，却鲜有学者对技术嵌入腐败治理的过程和路径展开研究。因此，本文拟在前人研究的基础上，创新性地把权力末梢的腐败治理问题放到当前"互联网＋"大数据时代背景下整体考察，以技术反腐为切入点，以 H 省 M 县首创的"互联网＋监督"平台为实例，分析其治理路径，总结其治理经验，试图用从个例到一般的思路对技术嵌入引发的腐败治理变革进行学理探析。

二　传统权力末梢反腐模式的困境

（一）　信息不对称带来监管风险

传统腐败模式下政府往往依靠信息控制与信息垄断来维护治理权威，将本该作为公共资源的政府信息变成某些部门或是个人的"私有产物"而不对其他职能部门和人民群众公开，极易引发信息不对称进而带来监管风险。政府层级间、部门间的信息资源的高度整合与共享是预防和治理腐败的重要条件，传统反腐模式难以有效地实现政府信息资源整合，具体表现在三个方面。第一，基层政府与上级政府间的信息壁垒明显，基层政府与上级政府之间有不同的利益考量，经常会在政策目标分配和解决方案制定方面产生分歧，形成各自相对封闭的运行系统，不愿意将各自掌握的信息资源进行共享，导致层级之间反腐信息交流不畅和工作配合度不高，统一监管盲区明显。第二，基层政府部门间信息交流共享不畅，各部门内部有自身的利益考量，不愿意将部门掌握的信息与其他部门交流共享，而基层惠民政策的落地和监管等工作往往涉及民政、财政、农业等多个部门，需要多个部门的协作与配合，但在政策落地过程中，部门之间推诿扯皮的现象经常出现，这样既会出现多方监管重叠，也会导致存在监管盲区。第三，基层政府与基层群众之间的信息壁垒，官民之间的信息不对称导致基层群众的知情权受到严格限制，部分基层干部利用信息不对称的漏洞，在群众毫无察觉的情况下滋生腐败。相反，"互联网＋"大数据反腐模式可以有效打通部门界限，在最大程度上实现政府层级和官民之间的信息透明和共享。

（二）　基层权力末端监管乏力

党和国家始终把"三农"问题作为全党工作的重中之重，分税制改革彻底改变了中央和地方的关系，国家发展道路由"汲取型"转变为"给予型"，其中对农村的扶贫开发治理成为国家反哺农村的一条重要政策。但是传统末梢反腐模式将反腐的重心放在如何把公民权力约束在制度和法律框架内，提倡要用"权力制约权力"。党的十八大以来，党中央提出要在贫困的农村地区实施精准扶贫、精准脱贫重大战略部署，要把大量的惠民资金投入乡村的建设和发展。但基层位于权力结构的末梢，法律制度的执行链条长，威慑力大打折扣，具体体现在以下几方面。一是基层民生资金和项目审核范围广、运行环节多，涉及县、乡（镇）、村等多个层级，而且后期项目考核验收的形式多以材料汇报为主，对实施过程缺乏具体的量化考核。二是基层权力末梢的腐败形式隐蔽、不易察觉，导致监督的难度比其他层级和类型的更大。三是上级行政监督流于形式。一方面，基层权力运行过程中没有形成明确的决策、执行、监督的分工，权力本身过于集中。另一方面，在基层权力运作的实践中，乡镇与村庄实际是属于"一体运行"模式，村干部与乡镇干部之间的依附性强，二者一旦形成"利益共同体"，上级的行政监督就会流于形式。四是村民自治机关监督软弱，主要体现在基层反腐渠道不通畅、群众参与监督的成本高昂、村民自治内部难以有效发挥自我监督的功能上。

（三）乡村熟人社会干扰

基层社会的腐败治理比其他层级的腐败治理面临更为复杂的治理环境，"熟人社会"的干扰性主要表现在两个方面。一是地方保护主义的庇护，当地基层干部基于"熟人"角色在地方保护主义的庇护下，既可以获得更多乡村资源为腐败提供便利，又能借助保护伞的势力侵犯公共资源和基层群众的切身利益。二是乡村人情社会的熟人面子干扰，当群众身边出现"雁过拔毛"式腐败时，大多数群众往往基于熟人之间的"面子"考量，对腐败干部采取包庇、容忍的态度，再加上基层社会治理中没有明确形成制裁权力末梢腐败的共识，基层群众的"无声"状态和惩治方式的乏力非但不能实现惩治末梢腐败的目的，反而会使权力末梢腐败行为更加猖獗。

三 "互联网＋监督"：大数据推进权力末梢反腐的实践

（一）"互联网＋监督"反腐模式的背景

1. 大数据技术对腐败治理的赋权赋能

"互联网＋"大数据时代信息流量的爆炸式增长和信息传播的多维性、开放性、便捷性、交互性打破了政府与社会之间的界限，拓展了技术治理的空间范围，国家与政府的信息不再"神秘"，信息传递呈现自由化和扁平化趋势，信息不对称现象减少，国家治理模式逐渐呈现权力去中心化和结构重组新特征。这个时代的普通群众都是网络虚拟空间中独立自由的个体，都是"技术赋权"的获利者，享有前所未有的获取公共信息资源的便捷和行使政治参与权利以及发表言论的充分自由。这种便捷和自由的实现离不开政府部门自上而下的推动，但是互联网技术的进步才是打破网民监督实践和场域局限的直接动因。互联网传播的广泛性使信息变得触手可及，网络虚拟空间的开放性赋予普通群众同等的参与权，技术的进步为群众提供了便利的监督平台，实现了权力监督的便捷化，大大拓展了群众发表多元声音的渠道，让公众参与监督的方式从本质上实现了里程碑式的跨越。大数据技术借助互联网平台通过为群众"直接监督"赋权，为政府"透明行政"赋能，极大地提高了人民群众在反腐斗争中的参与感和获得感，助推基层治理方式向科学化方向大步迈进。

2. 维护人民群众切身利益的现实所需

"M 县位于 H 省西部、S 市西北部，是国家级扶贫攻坚试点县、省扶贫开发工作重点县、革命老根据地，也是全国农村信用体系建设试验区和全省金融产业扶贫试点县。区域面积共 1568 平方公里，全县共辖 19 个乡（镇、管理处）221 个村（社区），总人口共 40.5 万人，精准扶贫实施之前全县贫困人口共 8.64 万人，平均每年下发到乡村的各项惠民资金投入总额高达 17 亿元。"① 面对如此庞大的"惠民蛋糕"部分基层干部不顾群众利益，以权谋私，千方百计从惠民资金中谋取私利。"2014 年 M 县共查处乡

---

① 资料来源：M 县政府门户网站数据信息，2020 年 11 月 13 日，http://hlwjjd.hunan.gov.cn。

村腐败案件 28 起，2015 年增长至 33 起。"① 2015 年发生在 H 省 M 县 G 乡 B 村的村干部"合谋腐败案"件就是一起发生在基层"熟人社会"中，危害群众切身利益的典型权力末梢腐败案，其涉案人员众多、政治影响恶劣。2015 年 6 月 9 日，由中纪委直接挂名督办，H 省、S 市、M 县三级纪委联合行动，成立专案组对此案展开调查，发现此案中共有 25 名涉案责任人严重违反党的组织纪律，其中包括 7 名科级干部。分别对这 25 名涉案人员做出"诫勉谈话、党内警告、留党察看、开除党籍的纪律处分和组织处理决定。"② 这起村干部集体腐败典型案是对整个基层干部管理工作的一次重要警示，也是"互联网＋监督"创建和嵌入基层小微腐败治理的现实背景。从腐败影响的领域来看，惠农补贴和民生工程建设领域的腐败现象最为严重。在此期间人民群众信访量居高不下，腐败重访、缠访不断，M 县政府不得不探索出一条更为有效的民生资金监管路径。

（二）"互联网＋监督"反腐模式的实施路径

"互联网＋监督"反腐模式通过建立技术反腐平台、广泛收集反腐数据，为技术反腐的实现奠定了坚实的技术和数据基础。具体实施过程主要分为三个阶段。一是事前公开：主要是把前台收集的信息全部"晒"出来，主动让群众监督；二是事中控制：主要通过后台数据碰撞，自动检索出腐败线索并进行线索分流处理，再通过人机结合的模式彻查腐败根源；三是事后反馈：主要是对群众反映的问题在规定时日内进行核实、回复、反馈，并将处理结果在平台上进行公示。③

1. 事前公开

事前公开主要是在前台搭建覆盖全县的数据库并进行信息公开，主要涉及四大平台（见图 1）。民生监督平台：将全县惠民补贴发放、城市和农村低保情况等 34 类民生项目、12 大类 107 项民生资金，分类逐项录入信息库，实现民生项目数据全覆盖。扶贫监督平台：收录全县贫困人口的详细信息，按户建立全县贫困人口数据库，围绕精准识贫、精准扶贫、精准脱贫

---

① 资料来源：《M 县"互联网＋监督"工作典型经验在全省推广》，2017 年 4 月 5 日，http://www.0745news.cn/2017/0405/1033447.shtml。
② 资料来源：《M 县"互联网＋监督"工作典型经验在全省推广》，2017 年 4 月 5 日，http://www.0745news.cn/2017/0405/1033447.shtml。
③ 关于"互联网＋监督"模式的实施路径可详见陶富林、王敏（2020）和陶富林（2020）。

等重点环节展开工作。正风肃纪平台：把县、乡、村三级的所有基层干部个人信息及家属信息进行分解、细化、量化，编制责任清单，建立党员干部廉政档案。纪检业务平台：实现随时随地对全县纪检监察干部工作的监督与举报。

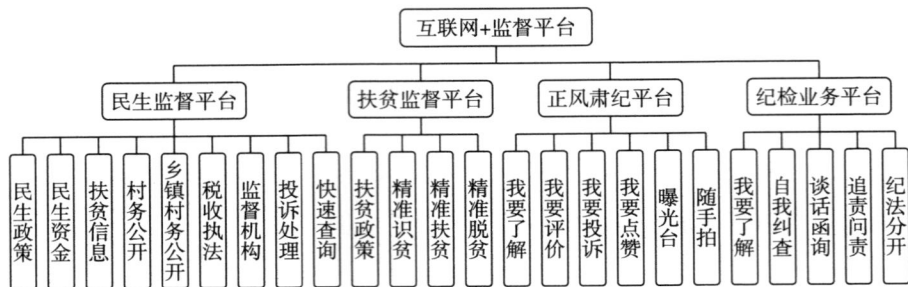

图 1　M 县"互联网 + 监督"平台架构

2. 事中控制

事中控制主要是通过两个途径来实现（见图 2）。第一，大数据自动识别途径。后台运用"互联网＋"大数据技术实现信息跨级别、跨部门的互联共享和检索碰撞以及对比分析。在民生建设和扶贫过程中一旦发现基层干部有优亲厚友、索拉卡要、侵占挪用等腐败行为，大数据会自动生成信息比对结果，发放的民生资金由相关部门拟录入数据，同时县委"互联网 + 监督"信息中心收到拟录入数据后，与后台基础数据库进行对比，有冲突性质的数据信息会自动生成疑问线索，与将全县贫困人口数据库与后台基础数据库对比筛选出来的不符合信息一样，都通过平台移交到相关单位复核处理，为彻查"小微腐败"提供及时、高效、精准的信息线索。第二，人机结合途径。"互联网 + 监督"平台的成功运行离不开群众的广泛参与监督。为了拓宽群众对本县民生项目、扶贫项目的信息获取和监督渠道，M 县"互联网 + 监督"信息中心通过向群众发放大量的宣传画和操作手册来宣传、指导群众使用平台，同时开放了自助终端机、官方网页和微信公众号三方渠道，群众在平台上不仅能通过身份验证查到本人所享受的具体全部民生、扶贫项目信息，还能及时了解政府部门的最新动态。每个子平台页面都有直接的投诉通道，群众在查询过程中一旦发现问题，可以直接点击"投诉"按钮，进入投诉页面，实名填写相关信息，通过手机获取验证码完成投诉举报。除了能在平台上直接举报民生、扶贫方面的疑似问题，正风肃纪平台还直接与县纪委、监察部门相对接，也是群众检举揭发基层干部腐败行为的捷径。通过"有价值的举报赢话费、红包"检举活动、"随手拍"上传负面图片举报等途径，老百姓可随时将身边发现的问题和情况直接实名举报反馈给该平台的后台，所有的投诉和信息将自动生成短信发送到后台人员手机上。

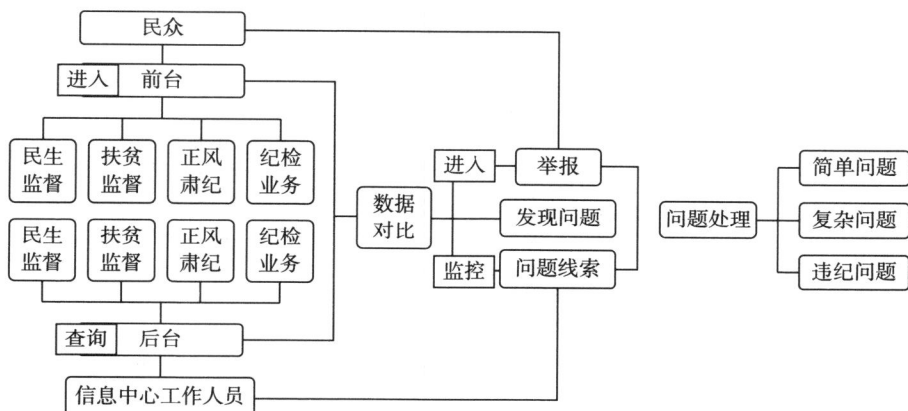

图2　M县"互联网+监督"实施流程

3. 事后反馈

在事后反馈阶段，"互联网+监督"平台体现出"线索分流、分开办理、集中反馈"的处理特色（见图3）。

第一，线索分流。一是一般性问题线索，M县信息中心工作人员负责平台日常问题线索的整理、登记和归类工作，一般把群众举报、人工对比和自动生成的事实清楚、简单明了的问题，经分管领导批准后直接移交相关职能部门或民生监督组进行处理。二是重大问题线索，将关系复杂、牵涉人员多、影响恶劣的线索归为重大问题线索，并在2个工作日内将问题线索呈报分管领导。对于较复杂、重大的问题线索，由信息中心以书面形式移交县纪委信访室，县纪委按照信访件处置流程进行处理。

第二，分开办理。按照信访工作处置条例，将问题线索分为以下几种情况进行办理：一是对于事实清楚、举报内容简单明了的问题线索在5个工作日内予以办结，并将办理结果在平台上予以回复；二是对于案情较为复杂、牵涉人员较多、时间跨度较长的信访件须在90日内做出处理，并将处理结果在平台上予以回复；三是对于存在重大的违纪问题需要立案调查的，

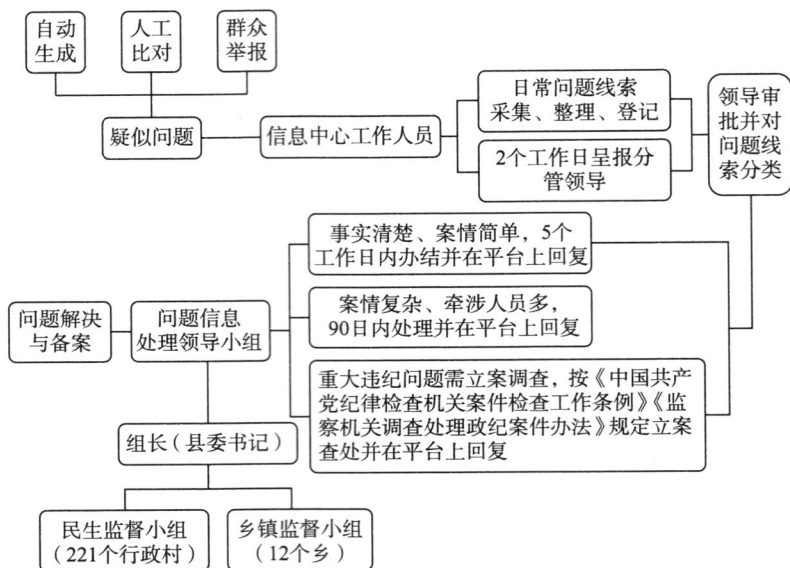

图 3　M 县"互联网 + 监督"平台问题线索采集、整理与处置

按《中国共产党纪律检查机关案件检查工作条例》和《监察机关调查处理政纪案件办法》的相关规定进行立案查处。

第三，集中反馈。办结后将处理结果在平台上予以回复，按"谁交办向谁回复"的原则进行反馈。由信息中心直接移交的，由承办单位直接向信息中心书面回复；由信访室交办的，由承办单位向信访室书面回复，再由信访室将情况反馈到信息中心。信息中心收到反馈情况后，及时将处理结果录入平台并对问题线索进行办结、销号。每一件问题线索办理完毕后，都须将相关资料进行整理归档，制作问题处理台账，以备待查。

（三）"互联网 + 监督"反腐模式的运行成效

在基层反思与高位推动的协同发力下，M 县充分运用"互联网 +"思维、发挥大数据优势，首创"互联网 + 监督"反腐平台。[①] 该平台以群众监督为基础，能最大限度地实现"纪检监督、社会监督、群众监督、网络监督"的深度融合，其功能强大、效果显著，获得了 H 省委的广泛推崇与支

---

① 资料来源：《M 县关于印发"互联网 + 监督"工作实施方案的通知》，2014 年 1 月 4 日，http：//hlwJjd. hunan. gov. cn。

持。[①] 2018 年，"互联网 + 监督"获评首届"中国廉洁创新奖"，M 县成为全国首创大数据反腐示范县。该平台于 2016 年 1 月正式运行，最新数据显示，平台共追回近 5000 万元惠民资金。H 省委领导去 M 县调研"互联网 + 监督"时特别指出："对这样的问题，要深挖根源、举一反三、正本清源，M 县能办成的事情，其他地方也可以。"[②] 按照这一要求，"互联网 + 监督"逐渐由 M 县向全省推广，2017 年，M 县首创的"互联网 + 监督"反腐平台，正式在全省推广开来。随后全国 30 多个县（区、市）陆续到 M 县学习"互联网 + 监督"的大数据反腐经验。目前该平台已经升级为由 H 省委统一搭建、各县委统一运营管理、各乡镇重点推进的"互联网 +"大数据基层反腐建设项目。

M 县处于经济不发达地区，按照惯例，经济发展水平越落后的地方，对新技术的认知和理解越滞后，新技术的应用越难以推进与落实，究竟是什么原因使得 M 县通过"互联网 + 监督"大数据反腐平台让基层权力末梢反腐的进度和力度均位居全国前列？

四 大数据推进权力末梢反腐的深层逻辑

当下方兴未艾的"互联网 +"大数据无疑是这个时代最为关键的见证者和缔造者，国家治理领域的技术嵌入是推动社会治理结构转型的最大推动力。在权力末梢反腐的实践中，互联网对政府和民众的赋权与赋能是技术嵌入基层权力末梢腐败治理的本质特征，也是其区别于传统反腐模式的最大优势所在。

（一）大数据自动对比追踪触发内部监督预警

"互联网 + 监督"平台通过大数据技术进行智能对比，集事前公开、事中控制、事后反馈于一体，将权力监督覆盖到"最后一公里"，同时还可以

---

① 资料来源：《H 省加快推进"互联网 + 政务服务"工作实施方案的通知》中指出，要建设全省统一的"互联网 + 政务服务"一体化平台和覆盖全省的"互联网 + 监督"平台，2017 年 5 月 17 日。

② 资料来源：这个观点是由时任 H 省委书记到 M 县进行"互联网 + 监督"实地调研时对"互联网 + 监督"推进工作所提出的具体要求，既肯定了 M 县推进"互联网 + 监督"所取得的成效，又极大地鼓励了 H 省其他地方学习"互联网 + 监督"的反腐经验。

有效避免人为因素的干扰，实现对腐败的精准监督和高效监督。这主要体现在两个方面，一是大数据能对信息进行自动检索和对比分析，其最大的优势在于能够客观、准确、及时地发现各项资金在运转过程中出现的腐败痕迹，可为反腐提供强有力的数据证据，真正实现对腐败的精准监督。此外，利用大数据技术的算法优势，"互联网＋监督"还可以通过数据预测腐败的发展态势，及时触发政府内部的监督预警，实现内部自动监督。二是大数据是不带任何情感和偏见的技术手段，可以避免腐败治理过程中"熟人社会"的人情干扰，把由主观因素带来的政治庇护关系降到最低，在治理过程中去人格化、去政治化，有利于打破基层干部滋生腐败的人际关系网络。

（二）互联网技术嵌入倒逼基层信息对外公开

"互联网＋监督"通过便捷的科技手段缩短了民众了解政府信息的链条，化解了信息不对称的监管风险，推动了基层信息对外公开，也通过技术优势保证了信息传递的质量和效率。越来越多的群众开始参与到监督政府及公职人员的行动中来。从本质上来讲，"互联网＋监督"平台为人们提供了一个能够发表不同声音的平台，促进了政治参与主体的多元化。政治参与主体的多元化意味着政治诉求和利益表达的多元化，这种多元化的声音能够更好地反映当前社会不同地区不同阶层群众的愿望和要求。"互联网＋监督"平台使得边缘化群体的声音有更多被政府倾听的机会。而政府多倾听社会多元化的声音是其进行自我纠错和完善内部监督的一个重要途径。

（三）"指尖反腐"实现群众诉求的快速回应

"民之所望，为政之所向。""互联网＋监督"反腐平台将技术运用于基层小微腐败的治理实践中，其最根本的目的是回应基层民众的诉求，维护基层民众的切身利益。过去人们要参与网络监督都有一套严格的监督举报流程，很多有"料"的群众会被这些烦琐的流程劝退。现在随着移动互联网的流行与普及，"互联网＋监督"进一步缩小了技术鸿沟，极大地便利了公众查阅政府惠民项目和资金的使用情况。"互联网＋监督"平台的推行为公众提供了便捷的监督方式，有地方纪委的微信公众号、专门的监督举报窗口、终端客户机、各乡镇受理信访举报的电子邮箱、电话连线等方式。"指尖反腐"的实现使得广大人民群众的监督真正突破时间、地点、场合的限制，切实维护了广大人民群众的切身利益。技术变革的背后是全民观念的变革，大数据技术提升了群众对政府信息的分析判断和回应能力，改变了过去基层群众的"无声状态"。群众开始敢于借助科技平台表达内心的不满，勇于检举和揭发身边的腐败行为，杜绝任何对腐败行为的包庇和容忍，从源头上斩断了群众身边"雁过拔毛"的黑手。

五　大数据助推权力末梢反腐的转型

2015 年，"互联网＋"行动计划的提出，宣告了中国"互联网＋"时代的到来。同年，国务院发布《促进大数据发展行动纲要》，倡导要建立起"用数据说话、用数据决策、用数据管理、用数据创新"的管理机制。这不仅给经济、技术产业带来了巨大的发展机遇，而且在政治民生领域掀起了一场治理变革，"互联网＋监督"反腐模式的成功实践深刻地反映了腐败治理模式正向规范性、协同性和系统性方向转型。

一是治理流程趋向规范。首先，"互联网＋监督"通过创建统一的大数据库实现了事前信息公开透明；其次，"互联网＋监督"在操作过程中将海量的数据信息转化为腐败数据线索，充分利用大数据的自动对比优势将腐败治理过程中的人为干扰因素降到最低，做到了事中控制环节的规范，提高了腐败治理的规范性；最后，"互联网＋监督"对治理结果进行科学分析，并对发展态势进行前瞻性预测，做到了事后反馈环节的规范。

二是治理主体趋向协同。一方面，"互联网＋监督"联动各部门形成反腐合力，通过构建反腐大数据库，打破基层政府部门间的数据信息壁垒，发挥部门协同反腐合力作用，推动部门协同反腐目标的实现。另一方面，"互联网＋监督"聚合群众形成反腐合力，政府主动运用技术为人民群众提供便捷化的"指尖反腐"渠道，真正地让人民群众参与到腐败治理的过程中来，并通过协同反腐模式极大地提高了基层权力末梢腐败的治理效率。

三是治理目标趋向系统。基层权力末梢的腐败治理是一个系统工程，它不仅涉及国家权力和刚性技术手段，还与整个基层权力的运行体系、基层政治生态环境息息相关。国家政策在具体落地过程中往往会遭遇地方阻滞，所以需要作为"润滑剂"的技术和基层社会的有效互动来促进运转的效率。"互联网＋监督"形成了一个集技术、组织和基层政治生态环境于一体的反腐系统，实现了腐败治理的系统性。

六　结语

本文主要探讨基层腐败中的技术治理，这仅仅是当前政府治理大方向下的一个缩影。"互联网＋监督"模式以大数据为支撑，以群众为主体，是解决权力末梢监管难题、打通全面从严治党"最后一公里"、净化基层政治生态的成功实践与治理模式创新。权力末梢腐败涉及的领域中，经济领域是一个"重灾区"，但同时，形式主义、官僚主义等作风问题也不容忽视。治理技术的嵌入充分实现了监督流程的大数据化。显而易见，技术治理凭借其可预知、可跟踪、可计算、系统化、标准化的特点使治理现代化插上了科技的翅膀，"互联网＋"所引发的社会变革正在逐渐改变我国政府的治理思维与模式，治理的数字化转型不可逆转。但科技是把"双刃剑"，技术治理变革会给未来的社会带来怎样的挑战无从知晓，我们不得不反思当下面临的"数据为王"的治理形势，当前我们仅处于运用技术进行治理的自动化阶段，远没有达到数据化和智能化阶段。但值得我们深入思考的问题是，我们能否完全依靠技术去解决所有的治理问题，在具体的治理场景中技术嵌入如何真正体现国家治理现代化所追求的精神内核，以及如何应对技术带来的"再治理"问题，等等。这些问题都有待进一步深入研究。

参考文献

陈建平、胡卫卫、郑逸芳，2016，《农村基层小微权力腐败的发生机理及治理路径研究》，《河南社会科学》第 5 期。

董石桃，2020，《技术执行的组织整合：整体性治理视域下的大数据反腐》，《电子政务》第 11 期。

杜治洲，2016，《改善基层政治生态必须治理"微腐败"》，《中国党政干部论坛》第 11 期。

孔继海、刘学军，2019，《新时代乡村"微腐败"及其治理路径研究》，《中共天津市委党校学报》第 3 期。

李明，2017，《农村基层"微腐败"，全面小康"大祸害"》，《人民论坛》第 20 期。

蔡运芳，2018，《全面从严治党视阈下农村基层"微腐败"研究》，硕士学位论文，江西理工大学。

李威，2016，《基层"微腐败"的危害及治理建议》，《中共南京市委党校学报》第 6 期。

刘婷、任中平，2015，《治理基层腐败的紧迫意义与策略选择》，《法制与社会》第 25 期。

刘子平，2018，《村干部"微权力"腐败治理机制创新探究》，《中州学刊》第 7 期。

吕永祥、王立峰，2019，《县级监察委治理基层"微腐败"：实践价值、现实问题与 应对策略》，《东北大学学报》（社会科学版）第 1 期。

马燕，2017，《"微腐败"治理过程中的问题及对策研究》，硕士学位论文，河北师 范大学。

彭龙富，2016，《"苍蝇式"腐败的危害、成因与防治策略》，《毛泽东邓小平理论 研究》第 5 期。

陶富林，2020，《"互联网＋监督"治理小微腐败的路径与经验研究》，《中共乌鲁 木齐市委党校学报》第 1 期。

陶富林、王敏，2020，《大数据时代基层反腐的治理路径研究——以"互联网＋监 督"为例》，《河南科技学院学报》第 3 期。

许瑞，2012，《中国特色的预防腐败机制研究》，博士学位论文，中共中央党校。

薛栋，2019，《农村村干部"微腐败"治理研究——以 L 市 A 区为例》，硕士学位 论文，郑州大学。

余雅洁、陈文权，2018，《治理"微腐败"的理论逻辑、现实困境与有效路径》， 《中国行政管理》第 9 期。

张穹、张智辉，2009，《权力制约与反腐倡廉》，中国方正出版社。

区块链的颠覆力量：如何走出高等教育改革困境

陈沛琪　　何韵诗　　张庆鹏[*]

摘　要： 改变世界的不是技术，而是技术背后必须要为人类解决问题的使命。区块链技术背后也有为人类解决高等教育改革困境的使命。本文将依托区块链技术的概念、核心技术及特征，从供求关系来分析高等教育改革的困境，并分别从机会供求和产品供求的角度出发，探讨区块链技术在高等教育领域的颠覆力量。本文得出结论：在机会供求问题上，区块链能构建优质高等教育资源共享库，并创新教学模式，创立开放的区块链大学；在产品供求问题上，区块链能建立高校研究的"融资模式"，也能构建去中心化的信息平台。

关键词： 区块链　高等教育供求问题　高等教育改革

引　言

在一般意义上，人们会将"区块链"与价格瞬息万变、暴涨暴跌的"比特币"建立联系，认为它们都是金融领域的概念。实际上，区块链是从比特币的核心设计中提炼出来的技术。换言之，区块链来自比特币，但不完全等同于比特币。金融领域是区块链技术最早接触的领域，也是最先被颠覆的领域。但区块链技术的颠覆力量绝不止于"金融"。随着后比特币的

* 陈沛琪，广州大学公共管理学院硕士研究生；何韵诗，广州大学公共管理学院硕士研究生；张庆鹏，广州大学公共管理学院副教授。

区块链 2.0 时代的到来，越来越多领域开始大胆拥抱新技术，对"区块链＋"展开积极的探索——高等教育领域也是其中之一。

"共享""开放"是高等教育在新时代发展的重要趋势。知识的传递过程和传播机制将"共享"塑造为高等教育的显著特征；"开放"是高等教育的基本理念，知识的公共性决定了其开放性。研究者在寻求资源循序渐进增长的同时，探究如何将已有资源更有效、公平地应用于高等教育（游清泉，2003：5－8）。然而，桎梏于稀缺的"互相信任"、昂贵的认证成本、复杂的中心存储机制等长期存在且难以避免的问题，高等教育改革在"共享"与"开放"的道路上走得并不顺利。与此同时，高校经费资源投入没有换来应有的高效高质量研究成果产出，人才供给没有跟上时代快速发展的步伐。当区块链技术进入高等教育场域，能否为这些改革困境带来新的解决思路？本文试图回应这个问题，并尝试在"区块链"与"高等教育"之间建立概念的联结与实践的路径。

一 研究概念

（一）区块链：引发人类社会第五次颠覆性革命的技术

区块链是一个需要集体维护的、以去中心化形式储存数据的技术方案，它包含两个基本要素，即区块和链。区块代表一个数据块单元，若干数量的区块单元互相连接之后形成区块链。系统中的所有区块单元共同储存着所有的数据，每一个区块单元都是数据节点。每个节点都通过密码学原理来验证信息的有效性，并把更后面的数据链接到下一区块。数据链就是基于上述生成程序和更新程序而形成的。最后，任意节点都按时间序列记录了系统内全部的交流信息，由此实现时序性、分散式的数据储存和共享。

区块链的核心技术是分布式储存、共识机制和智能合约。这些核心技术让区块链具有了去中心化、高信任性、不可篡改、智能性、可追溯的特征。

首先，分布式储存技术借助分布在不同地方的多个节点共同完成了数据的保存工作，而且每一个节点记录和保存的都是相同并且完整的数据。每个节点都是一个中心，由此实现去中心化；同时可以避免"一旦中心处理系统损坏，信息即产生丢失"的风险，提高了数据存储的安全性。去中心化系统由多节点集体维护，这也降低了维护成本，在现实应用中亦可提高交易的效率。

其次，在共识机制的作用下，区块链中的节点达成了全网一致。基于密码学原理，共识机制可以使各节点辨别"叛徒"——错误信息，即避免了分布式存储过程中对信息的篡改，确保同一份信息在任何一个节点上都是相同的。这也让储存在区块链上的信息具备高信任性、不可篡改的特点。共识机制可以确保信息的真实可靠、减少伪冒交易的发生。基于共识机制的区块链应用可替代现有中心机构验证、鉴定信息的工作，同时可以以更高的效率与安全性促进交易。

最后，智能合约以数字化形式呈现，控制数字资产，约定参与合约各方的权利和义务，当触发条件得到实现，则自动执行预先设定好的合约条款。智能化的自动执行机制可以提高平台交易的效率，并且节省操作和维护平台的费用，降低交易所需的成本。交易信息在区块链上可以被永久追踪和储存，从而提高了交易过程中的多方互信。

除此之外，在链式区块结构中，所有被记录在区块链上的信息都会被永久标记写入时间，从而实现信息的不可篡改和可追溯。

区块链的核心技术含义、特征及应用实例如表 1 所示。

表 1　区块链的核心技术含义、特征及应用实例

区块链核心技术	含义	特征	应用案例
分布式储存	• 分布式存储技术就是将数据存储由分布在不同地方的多个节点共同完成 • 每个节点都是一个中心，由此实现去中心化	去中心化	Linux 基金会支持的超级账本项目（Hyperledger）：面向企业的开放分布账本平台
共识机制	• 共识机制是使区块链中各节点信息达成全网一致的机制 • 共识机制可以使各节点辨别错误信息，避免对信息的篡改，确保信息的一致性	不可篡改 高信任性	R3CEV 区块链项目：应用于银行业务，使信息在各银行间流通，实现实时清算和结算
智能合约	• 智能合约：提前约定参与合约各方的权利和义务，当触发条件得到实现，则自动执行预先设定好的条款 • 交易信息可以被永久追踪和储存，从而提高交易中的信任度	智能性 高信任性	以太坊（Ethereum）：以智能合约为核心的公共区块链平台，提供去中心化虚拟货币以处理点对点交易

（二）高等教育的机会和产品：学生、社会与高校之间的供与求

目前具有代表性的教育供求理论有三种，即按人力需求组织教育供给的理论、按教育投资收益率组织教育供给的理论，以及按个人教育需求组织教育供给的理论（范先佐，1997：27-32）。高等教育供求的主要问题可以分为两类——高等教育机会供求问题和高等教育产品供求问题（许进军，2009：109-110；王旭辉，2020：121-128）。为了更清晰地展开探讨，本文根据已有文献，对"机会供求"和"产品供求"这两个概念进行了界定。

1. 机会供求是高校与学生之间的供与求

机会需求，就是个人需求；机会供给，就是高等教育面向个人的供给（王旭辉，2020：121-128）。高等教育的供给即其提供给学生的服务，分为核心教育服务和非核心教育服务，本文主要探讨前者。具体来说，核心教育服务是以课堂教学为主线，以教学内容、教学技术和教学手段为服务中介的教育教学活动，与高校教师息息相关（刘俊学等，2008：23-25）。个人对高等教育的需求多元复杂，涉及专业建设、师资水平、教学质量、培养目标和规格、培养模式、知识结构和课程内容等直接影响未来个人收益的因素（陈宏军、江若尘，2006：31-38）。在本文中，高等教育的机会供求关系指的是高等教育提供给个人的核心教育服务与高校学生的个人多元需求之间的关系。

2. 产品供求是高校与社会之间的供与求

本文将高等教育产品定义为知识、技术、科研成果和人才的综合体。高等教育与社会通过产品供求的桥梁相互连接。高等教育的产品需求来自社会，高等教育的产品供给面向社会。高等教育产品供求关系指的是高校培养的人与其他高等教育产物的供求关系（王旭辉，2020：121-128）。在本文中，高校人才培养的供求关系是劳动力市场需求与高校人才供给之间的关系；其他高等教育产物的供求关系是高校研究绝对技术水平与人类社会发展技术需要之间的关系。关于人才的产出，高等教育通过增加大学生知识和技能，提高大学生的素质与能力，最终转化出人力资本，为社会提供服务。关于知识、技术、科研成果，高等教育通过产出科研成果来解决人类社会现存问题，推动社会进步。

学生、社会与高校之间的高等教育供求三角关系如图1所示。

无论是机会供求，还是产品供求，在高等教育实践活动中，只要有需

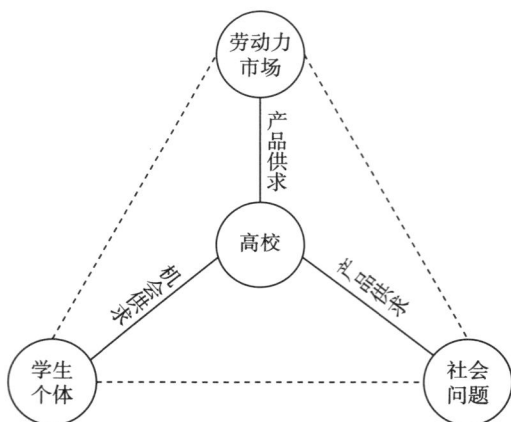

图 1　学生、社会与高校之间的高等教育供求三角关系

求存在，就有教育供求矛盾存在（朱静，2001：49 - 51）。当前我国高等教育供求失衡的顽症正是需求日益膨胀与供给不足共同酿成的（吴宏超、范先佐，2006：24 - 27）。但本文致力于探讨如何借助区块链技术的力量来改善高等教育供给不足的现状，因此将着重从供给角度讨论高等教育面临的困境以及解决路径，而不过多讨论需求过旺的问题。

正如我国著名企业家马云在阿里巴巴的区块链产品发布会上所言，区块链不是一个金矿，而是数据时代解决问题的一种方案；改变世界的不是技术，而是技术背后必须要为人类解决问题的使命。① 解决高等教育供求问题也是区块链在未来应该承担的使命。下文将会深入讨论以下问题：区块链能够缓和哪些高等教育机会供求和产品供求的具体问题？针对这些具体问题，区块链技术能够给出什么解决方案？区块链的颠覆力量在高等教育改革中有什么独特的意义？

二　"区块链 + 高等教育"：走出改革困境

高等教育处于中心节点，将学生个体与社会各方面联系起来，与此同时，学生个体与社会各方面之间也存在隐性的双向供求关系（王旭辉，

① 《马云：区块链必须解决社会问题，不应成为一夜暴富的工具》，"我的世界谁来陪伴 Bo"百家号，2018 年 6 月 25 日，https：//baijiahao. baidu. com/s？id = 1604234860917215767&wfr = spider&for = pc。

2020：121 – 128）。这不仅仅表明高等教育有着重要地位，更影射了高等教育供求矛盾的复杂性。高等教育供求矛盾千丝万缕，因此长期以来，高等教育改革都是难题。而区块链技术的出现，无疑将为解决难题提供新的思路。但必须承认的是，高等教育供求矛盾多元而复杂。为了更清晰地梳理区块链在教育领域的"用武之地"，下文将分别从机会供求和产品供求的角度出发，以区块链的技术与特征为思路，探索与之匹配的具体高等教育改革难题，并探讨区块链将能提供怎样的解决方案。

（一）高等教育机会供求问题与区块链解决路径

在知识大众化时代，机会供求矛盾突出表现在两个方面，一是已有高等教育供给与学生需求存在冲突的问题；二是优质高等教育资源分布不均衡的问题。在教育资源有限的状况下，增加教育有效供给是缓解供求矛盾的关键（吴宏超、范先佐，2006：24 – 27）。而区块链作为一项被评价为"具有颠覆力量"的技术，能够以其新颖的特征，有效增加教育的供给，对高等教育改革应对机会供求矛盾发挥独特的作用。

1. 目前我国高等教育供给与学生需求之间存在错位

高校内部的教育供给无法很好地满足学生基于高校核心业务而产生的受教育需求。由于高等教育供给方能力有限而学生的需求过旺，我国高等教育机会供求一直处于不均衡的状态（马永霞，2005）。

高校内部的高等教育供给能力有限，主要体现在自身的教师资源、专业结构、教学模式等方面。根据已有研究成果，我国高校内部普遍存在师资短缺的问题。这直接体现在师生比的数值上。过低的师生比导致高等教育在实现其目标的过程中面临严重的时空壁垒，直接限制了教师提供核心教学服务的能力。学生与教师的交流在时间层面上仅限于课堂上那短短的几十分钟，在空间层面上仅限于坐满近百人的大教室之中。对于大多数学生来说，和教师针对某一个自己感兴趣的课题进行长期讨论与研究是很难实现的。在专业结构上，高校内部普遍没有重视专业之间的内在联系。高校在设置学科专业的过程中，一味地追求"潮流"，追求数量，却没有考虑专业学科之间的联系。这导致各个专业之间处于相对割裂和彼此游离的状态，专业之间没有构建起必要的联系，从而导致学生只能接受单一的知识（林蕙青，2006）。与此同时，在教学模式上，高校目前过分重视理论教育和静态知识的传授，而忽视专业实践教学和专业能力的培养。事实上，很多学生的个人偏好不在于知识学术，而在于未来就业，所以对他们来说能够获得实践训练是更加重要的（那欣，2009）。

在知识经济社会，由于经济发展、科技进步、经济产业结构的变化，社会对高等教育的需求快速增长。社会的变化与社会需求的快速增长也促使学生对于高等教育的需求日益旺盛（马永霞，2005）。高等教育的个人需求又是由个人对高等教育的偏好产生的。个人的偏好丰富多样，那欣（2009）将其归纳为三种类型：对知识和学术的偏好、对未来就业的偏好以及对个人成长发展的偏好。拥有不同偏好的学生，对其所在高校的核心教育服务的需求也各不相同。即使是一流大学斥"巨资"打造的个性化人才培养教学，也不能避免供求冲突的尴尬局面，具体表现在专业设置模式不完善、课程设置方式不够合理、教学制度体系不健全、教学组织形式落后、教学管理模式刚性过强等方面（王晓辉，2014）。

2. 优质高等教育资源分配不均是长期存在的问题

随着信息与知识的"大爆炸"和科学技术的日新月异，高校学生比任何时候都更渴望且更需要从优质的高等教育资源中获取最新信息和前沿知识。但高等教育面向个人的供给是有限的，更不用说优质高等教育资源是多么"供不应求"。长期以来，我国社会经济发展不平衡，不同地区社会经济发展的差距，必然导致高等教育发展的区域不平衡，主要表现在高校的空间布局、高校之间资源投入的不公平上（刘宛晨、周伟，2007：76－79）。颜莉冰（2005：33－36）通过分析，得出结论：高等教育区域不公平主要反映在优质高等教育资源的区域分配不均衡上；目前优质高等教育区域分布非常集中，主要集中于北京、湖北、上海、浙江这四个省市。

优质高等教育资源分配不均衡，会影响一个学生接受高等教育的起点、过程、结果（苏叶兰、詹莎，2010：207－212）。而且，全国高校学生对高等教育资源都有着复杂多样的需求。因此，在学生所在的高校内部的高等教育供给与学生对于核心教学服务的需求产生冲突的基础上，优质资源分配不均衡也必然会让一些区域的高等教育机会供求矛盾更加严重。

3. 区块链将构建开放优质高等教育资源的新生态

对于高等教育供给与学生需求冲突的现状，我们不得不承认的是，高校已有的结构与技术也是长期形成的，有一定的历史稳定性。因此，苛求每一所高校根据学生的需求来注入复杂多样又优质的教育资源是不现实的——这不仅需要大量的资金，更需要大量的时间，显然无法解决学生渴望在短短的大学四年中获得与自身需求匹配的知识的"燃眉之急"。

对于优质高等教育分配不均的现状，从表面上看，都是因为空间分布的差异，只有解决空间层面的问题，才能改变目前的不公平现状。但已有研究提出：高教资源分配不均衡的"病灶"并不在于空间差异，这是一个历史问题，甚至还是区域经济发展的现实需要，不能轻易地做出大规模改变。其关键问题在于，我国长期以来缺乏在不同地区之间分享高等教育发展成果的有效机制（王旭辉，2016：21－29）。

针对以上的改革方向，区块链以其得天独厚的优势，有助于加快我国的教育信息化，能够为高等院校和高校学生们的供求不匹配问题提供以下具体解决思路，以应对目前的机会供求矛盾现状（见图2）。

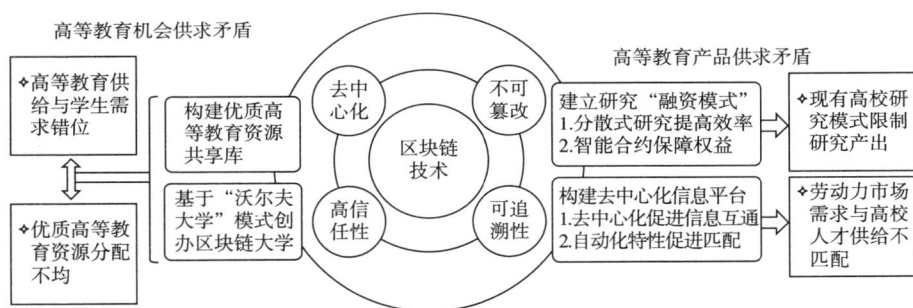

图 2　高等教育供求问题与区块链解决路径

第一，构建优质高等教育资源共享库。

去中心化是区块链的一个突出的特点，其进程的动词表达为"分享"。换言之，区块链"去中心化"的特征有利于增加人们的分享行为（徐明星等，2016：35－50）。区块链以其分布式数据存储技术和 P2P 网络等信息技术，绕过作为"信息中心"的第三方机构，从而摒弃冗杂的登记、搜索等行政流程，将优质高等教育资源持有者和有需求的高校学生直接联结，这意味着资源的流通效率将会变得非常高。

但一旦触及资源分享，一系列风险便会随之而来。对于资源持有者来说，失去了中立第三方的管理，很有可能会在分享资源之前担忧知识产权能否被保障。对于单个高等院校主体来说，信息外传的风险一般以管理手段来控制，比如建立自己的保密制度、设定专门的权限以控制复制和传播、选择恰当的保存介质如光盘和受限制的硬盘等。一旦发生泄密事件，学校就可以依托自身的管理体系进行责任追究，并据此进一步完善制度。而依托区块链技术，便意味着传统的管理体系将出局。因此，长期存在的"信任鸿沟"也是必须解决的问题。

值得庆幸的是，这个问题也可以在区块链技术下迎刃而解。区块链被称为一台"建立信任的机器"（黄步添、蔡亮，2016：31 - 34），用加密和共识算法建立了信任机制，让所有人都能够参与监督。基于区块链数据不可篡改的属性，有学者提出，区块链技术可以为学术成果等优质高等教育资源提供不可篡改的数字化证明，与此同时，数字化证明可以为每一份文字、图片、视频以及音频加盖唯一的时间戳身份证明。从根本上保障资源的完整性、一致性，并且能够保护知识产权（杜华，2017：55 - 60）。

区块链技术将构建开放优质高等教育资源的新生态，其高效率、强公信力能够让更多优质资源持有者以更开放、积极的心态，将优质资源分享给最有需要的高校学生和研究人员。这些分享不会带来后顾之忧，能在短时间内改善教育资源的供求矛盾，平衡优质高等教育资源的分布。

第二，让学生在区块链里"上大学"。

学生不仅能够通过区块链构建的优质资源库获取与个人需求对应的资料，更能在区块链里"上大学"，在其最擅长和最感兴趣的领域找到合适的专家，并在他们的指导下去探索相应的研究问题。这似乎有些不太现实，但已经有人走出了第一步。2018 年 3 月，来自牛津大学的多名学者已经实现了区块链里"上大学"。他们创办了第一所基于区块链技术的大学——沃尔夫大学。沃尔夫大学没有实体的大学监管，学校的管理——涉及学费支付、学分记录、学位证书发放等事务——全部依托区块链平台。在这所大学中，任意 30 位或者更多的高质量学者即可建立小组，并在沃尔夫区块链平台组建新的大学，向学生提供严格的教学服务和个性化辅导。在整个教育过程中，学生和教师都必须应用区块链程序来追踪数据，例如开始上课或提交论文，教学过程始终会受到沃尔夫质量保证机制的监管。只有符合监管标准的教学才能获得认证，从而让教学质量得到保证，让学生获益更多（郭昭君，2019：63 - 66）。

"沃尔夫模式"是值得参考、借鉴的。它借助区块链的"去中心化"特征，依托"智能合约"技术，减轻教师的行政负担，也让经费尽可能都运用于科研和学术上，从而提高教育效率；与此同时，沃尔夫大学能够以较低的成本，从五湖四海汇聚某一领域的优质学者，学者们建立小组后能够开设新的大学，这也为高校学生提供了绝佳的机会——突破空间的阻碍，在一流学者的帮助下获得自己最需要的指导，学习自己最感兴趣的知识。在个性化的时代，高校学子们的教育需求也越发个性化。如前所述，让每一所实体高校都花费大量的成本来满足所有学生的需求是不现实的，且不说优质高等教育资源的稀缺，即便是一所资金充足的学校也难以应对每一位学生复杂又多变的个人需求。而"沃尔夫模式"能够以优质的资源来满足这些需求。这不仅能够解决目前的高等教育机会供求问题，还能够提升学生和教师在高等教育体系中的获得感。

（二）高等教育产品供求问题与区块链解决路径

高等教育的产品是知识、技术、科研成果和人才（杨德广，1999：29 - 31）。产品供求矛盾的核心在于高等教育的产品不能满足社会发展的需要。在现阶段，产品供求矛盾突出表现在两个方面，一是高校科研成果产出效率低，未能满足社会发展需要；二是高等教育人才产出与劳动力市场人才需求不匹配。而区块链作为一项被评价为"具有颠覆力量"的技术，能够以其新颖的特征，对高等教育改革在产品供求矛盾中面临的困局发挥独特的作用（见图2）。

1. 目前高校研究成果未能解决困扰人类社会的大部分问题

高校教研团队研究中产出的知识、技术、研究成果是高等教育产品之一。高校的研究成果对促进社会的发展进步有一定影响。然而现阶段高校研究产出的质量、效率和数量未能匹配社会发展，也很难完全解决困扰人类社会的大部分问题。因此，探索限制高校研究成果产出的问题，并提出相应的解决方案，对于解决高等教育产品供求问题是必要的。

（1）"低效率，高成本"：现有高校研究模式中存在的问题限制了高校研究的产出。首先，资源利用效率、资金成本、时间成本是限制高校教研技术发展速度的因素之一。教研技术的研究需要耗费大量的资金和资源，但是成本回收有时间差，并且存在一定风险。现有高校研究耗费的资金主要依靠国家财政的支出。尽管从国家战略投入的角度考虑，可以暂时不关注短期的成本回收问题，但毕竟国家的投入逐年增加，如果产出的效果不好，也是对资源的浪费。为了维持国家财政良好收支，收回成本，唯一的方法就是提升终端的准入价格。如果提升终端的准入价格，那么成本就会被转移到每一位社会成员身上，即提高了社会生产的总成本。相比之下，提高教研技术研究的资金、资源利用效率是更为合理的解决思路。

其次，现有条件限制了研究团队之间的合作，继而影响了科研成果的产出效率。但在现阶段，以下情况阻碍了人们的合作意愿与合作行动。第一，难以找到合适的合作对象。现阶段人们主要是通过熟人介绍和网络平台中介这两种方式来寻找合作对象。其中，熟人介绍的方式虽然有较高的信任度，但所涉及的合作对象范围有限。通过网络平台中介寻找合作对象，虽然涉及的范围更广，但无法涵盖所有的范围，而且需要一定的时间和精力鉴别提供信息的真伪，并且难以解决合作过程中产生的信任问题。第二，即便找到合适的合作对象，研究结果权益难以清晰划分、合作者间信任度低也是合作过程中难以避免的障碍。在现阶段，事物的所有权需要公开第三方的确认（徐明星等，2016：35－50）。在研究团队的合作过程中，所有权的确认涉及制订合作计划与成果分配方案，需要找到第三方公信机构评估，其中涉及烦琐的程序以及高额的公信费用。诸多限制大大降低了合作双方的合作意愿和合作效率。

（2）突破限制：区块链构建"融资模式"以促进研究合作。区块链通过构建点对点的自组织网络，基于有序的时间线和不可篡改的密码学账本建立分布式共识机制，实现去中心化信任（徐明星等，2016：35－50），为研究的合作提供技术保障，为各研究团队提供可靠、方便的合作平台，提高合作研究中的资源利用率，提升研究产出的效率。

拜耳实验室的阿司匹林研发经历了近 200 次失败，仅拜耳实验室的研究团队就耗费了近 40 年的时间。[①] 可见，在现有的研究模式中，技术合作受限造成的壁垒降低了研究效率。但基于区块链的技术，研究合作可以由传统模式转变为高效率、低成本的"融资模式"。这个模式融合的不只有资金，还包括研究资源、人才、技术等要素。

通过去中心化的融资模式，区块链可以鼓励社会以最大的力量创新，在解决单一投入的问题的同时，可以减少每个研究节点的研发投入。传统的研发模式属于专利专属模式，研究者一旦成功，就可以获得全部的权益，因此时间上的竞争压力很大，一旦比其他项目组晚，就意味着彻底的失败。而区块链重新定义了这个逻辑，让所有的参与者共享最终的研究结果，因此各研究者就可以放心地、全力以赴地进行研发创新。去中心化的融资模

---

① 《打破医疗困局：区块链视角下的健康联合体》，搜狐网，2019 年 4 月 30 日，https://www.sohu.com/a/311156878_116221。

式从客观上可以让更多人参与到研发中，提高了科学研究的效率；而分散式的研发则降低了单次投入。这就使得教育技术研究效率快速提升，而终端的成本价格则快速下降，高等教育产出的效率得以提高。

基于区块链技术生成的智能合约为灵活的合作研究创造了条件。智能合约是能够自动执行合约条款的计算机程序（徐明星等，2016：35 - 50）。研究组罗列出研究方向、研究内容与合作条件，并将其放在以区块链为媒体的研发网络上，设定智能合约的触发机制，约定各自的责任义务与成果分配方案。当满足条件的合作对象出现时，智能合约确认触发条件，合约就会自动执行，最后就可以由分布在世界各地的满足合作条件的人组成项目研究组，突破了现有技术的限制导致难以找到合作对象的障碍。而且智能合约还可以追踪合作过程。合约从开始到结束，每一位合作者的加入、合作的投入都可以被追踪和记录。记录到区块链上的信息是不可篡改、公开透明的，因此可以更好地保障合作者的权益，提高合作的信任度。

在合作过程中，资金的投入与使用也会被记录。而基于区块链技术的交易系统省略了中间人和后台，降低了第三方审计、记账和验证交易的高额成本（徐明星等，2016：35 - 50），使合作卸下高成本的包袱。

区块链技术在高校合作研究领域的应用尚处于初级阶段，接下来如果很好地解决了社会科学研究的伦理性问题和自然科学研究数据的敏感性问题，那么基于区块链平台的科研合作模式就会逐步成为解决高等教育产品供应问题的主要发力点。

2. 劳动力市场需求与高校人才供给之间不协调

人才是高等教育产品之一，高等教育的人才供给对应劳动力市场的人才需求，而大学生的就业情况则是高教人才供求关系的直接反映。近年来，在经济环境的快速变化和高等教育大规模扩招的双重影响下，高校毕业生就业压力越来越大（阎光才，2014：89 - 100）。人才供求问题不仅关乎市场能否良性运行，还决定了高等教育是否成功、能否很好地实现社会服务功能（Burrage，2010）。因此，探索当前人才供给中的问题并提出解决方向，对于解决高等教育产品供求问题是必要的。

（1）高校、企业、毕业生三方信息不对称导致教育产品供求不协调。现有人才供给问题的核心在于劳动力市场需求与高校人才供给之间不协调，并反映在高校毕业生就业问题上。大学生就业问题产生的原因之一是劳动力市场信息不对称（张雅婷、姚小玲，2018：116 - 120），主要体现在两方面。第一，高校与市场之间的信息不对称。高校对劳动力市场产业发展状况、人才需求类型等方面的信息缺乏全面的掌握；企业对高校人才培养结构、培养方案质量与水平缺乏足够的了解（阎光才，2014：89 – 100）。由此导致高校的专业设置和专业结构与社会需求错位，造成了供求总量失衡和结构矛盾突出的问题（王旭辉，2020：121 – 128）。第二，毕业生与企业之间的信息不对称。毕业生对自我能力和职业定位不清晰，对劳动力市场上企业的招聘要求不了解，而且往往无法获取到真实可靠的信息（郭蕾，2006：24 – 26）。企业对毕业生能力和专业水平缺乏足够的了解，对毕业生的证书真伪也无法判断（曾之光、沈士仓，2003：67 – 70）。由此往往会产生人才高消费现象，从而导致人力资源的错配、闲置与浪费（张同利、李侠，2008：60 – 61）。因此，为使高校、企业、毕业生三方信息互通，搭建一个可信任的信息平台和解决证书认证问题显得尤为重要。区块链在这个方面可以发挥其优势。

（2）利用区块链构建去中心化信息平台，消除"信息不对称"。区块链可以通过去中心化的信息共享，建立劳动力市场供需信息网络平台，为高校、企业、毕业生三方提供有效充足的信息来源，促进信息有效对接，提升高校人才供给与劳动力市场需求之间的匹配度。根据信息接收主体的需求，去中心化信息平台主要基于以下三点来加强高校、企业和毕业生之间的信息对接。

第一，促进企业对学生能力与高校培养结构的了解。

区块链技术的去中心化信息平台，通过为学生提供学习轨迹的记录和证书的认证，促进企业对毕业生能力、专业水平和对高校人才培养结构、培养方案质量与水平的了解。

首先，区块链通过去中心化的数据储存技术，为学生的学习轨迹提供了稳定可靠的记录手段，同时使他们可以通过新的途径去获得教育评价。学生的日常学习行为、学习结果、奖惩信息、学习成就等记录都保存在区块链上（杨现民等，2017：34 – 45），这些信息形成了一份详细而全面的学生履历，企业可以借此充分了解学生的能力特点、优势劣势。继而可以更好地促进毕业生与企业间的匹配，缓解人才供求的压力。

其次，区块链的共识机制可以减少伪冒信息，确保信息真实可靠。区块链技术能在证书认证系统的建立中大显身手。现有证书的储存管理方式复杂，容易造成丢失或信息泄露，耗费成本也高（曾之光、沈士仓，2003：

67 - 70）。证书造假现象也时有发生，企业对此往往缺乏简单高效的验证手段。对此，区块链技术可以为学生提供低成本、自动化的证书认证机制。

储存在区块链上的信息不可篡改并且可追溯。信息一旦上传将永远记录在链、无法修改，并且无论时间隔了多久都可以追溯到源头，确保了信息的真实性和可靠性。无论是对于学生的学习轨迹还是学生的证书，毕业生和企业都不再需要求助第三方机构去验证其真伪，可减少时间和资金成本。区块链去中心化的储存方式和基于密码学的底层技术保护了学生个人信息的安全，使学生无须担心学习轨迹和证书等信息泄露或丢失。区块链的密码学的底层技术决定了每一份数据都有特定的一个密钥，只有知道密钥的特定个人或单位才可以获取真正数据（徐明星等，2016：35 - 50），因此可以避免学生的信息被不法分子窃取利用。分布式储存体系分散了信息丢失的风险，降低了信息储存的成本，实现了信息的更好储存。

第二，促进大学生对企业人才需求的了解。

区块链技术的去中心化信息平台，通过为企业提供用人需求、招聘要求等信息的储存和处理方案，增进了大学生对企业招聘需求、人才能力要求、发展状况的了解。

当前的毕业生与企业的信息匹配主要是基于中心机构而实现的，这种中心化的匹配需要耗费一定的人力资源和时间成本，而区块链的应用可以实现去中心化、自动化的匹配——将智能合约中的自动化搜寻应用于企业和求职者的匹配上。匹配前，用人企业将它们对求职者的要求上传，毕业生也将自己的学习轨迹、证书等个人履历信息上传。双方上传的信息相当于设定了"交易"的触发条件，智能合约将在大数据中进行搜寻和自动化匹配，为企业和求职者初步筛选出一定数量的选择，接下来双方可以根据个人意愿进行下一步更细致的选择。

这种"初步筛选"可以让一部分自我认知不够清晰的毕业生了解自己在市场上的职业定位，继而进一步了解行业发展情况、招聘要求，从而进行有针对性的自我提升。另外，还可以通过促进匹配、提高匹配效率，缓解劳动力市场人才供求的压力。

第三，促进高校对市场产业发展状况、人才需求类型的了解。

当前毕业生出现结构性失业的主要原因在于高等教育培养结构与市场产业结构之间未产生耦合（阎光才，2014：89 - 100），而去中心化信息平台可以使高校更了解当下市场发展状况、人才需求类型。高校可以针对去中心化信息平台上企业的招聘信息，对企业人才需求、匹配成功的案例数据进行整理、分析和研究，了解市场产业发展状况以及人才需求类型，据此调整自身的专业结构和人才培养模式，使之更适应外部社会市场需求。从人才培养方向减轻劳动力市场人才供求的压力，使高校人才供给与劳动力市场需求之间更协调，缓解毕业生结构性失业的难题。

三　结论与展望

如图 2 所示，本文基于供求理论，从高等教育机会供求和产品供求的不均衡问题出发，得出如下结论：依托分布式存储、共识机制、智能合约等先进技术，凭借去中心化、高信任性等新颖特征，区块链技术在高等教育改革的诸多领域之中都将大有作为。在高等教育机会供求问题中，区块链能够协助构建优质高等教育资源共享库，甚至借鉴"沃尔夫大学"的模式，创新教学模式，构建开放的区块链大学，改善已有高等教育资源供给与学生需求存在冲突和优质高等教育资源分布不均衡这两个长期存在的问题。在高等教育产品供求问题中，针对目前高校研究的绝对技术水平未能解决人类社会中存在的绝大多数问题，区块链能够通过构建去中心化的融资模式促进研究的效率提升和成本降低，促进研究合作的进行，继而推进研究成果更快、更高质量地产出；针对高校的人才供给与劳动力市场的人才需求不协调这一问题，区块链能够通过建立去中心化信息平台，促进高校、企业、毕业生三者之间的信息对接，使高校人才供给与市场人才需求进一步匹配，为缓解毕业生就业压力提供新的思路。

作为走在时代前沿的新型技术，区块链的颠覆力量不仅仅体现在它为世界带来了新的可能性上，更体现在它对人类长期固定的思维模式的颠覆上。当信任不再成为交易前必须思考的问题，当寻找拥有公信力的第三方不再是必要环节，思维必然会突破桎梏，迸发更多创新的问题解决方案。科技向善，区块链有其社会责任，将承担解决人类问题的使命。而高等教育供求问题，也会是区块链涉足的领域之一。无论是回归"以学生为本"的高等教育理念，还是立足于推动高等教育向更公平、更高效的方向前进，区块链技术都能为高等教育的改革事业提供新的思路，并为推进改革的实践添砖加瓦。合理运用区块链技术，结合教育信息化与大数据来实现高信任度的分享，将有效突破共享壁垒，为学生提供更多的学习机会与发展希望，提升高等教育的质量，从而培养出更多有求知欲、有理想的人才。

当然，我们必须承认，目前我国区块链技术在高等教育领域的应用还处于摸索阶段；区块链作为新兴技术，虽然自身具备高安全度和高信任性的特征，但是鉴于诸多传统和现实因素，区块链技术尚未给予大众以足够的安全感和信任感，缺乏"群众基础"。如果要让区块链真正融入高等教育改革的思想体系和行动场域，那么必然需要人们以更为开放积极的心态来拥抱新科技，需要企业投入更多资源来加快硬件建设与软件开发，同时也需要政府做出更为精准宏观的框架设计和进行总体调控。

参考文献

陈宏军、江若尘，2006，《高等教育个人需求的系统分析与高等教育需求类型关系的诠释》，《清华大学教育研究》第 2 期。

杜华，2017，《区块链技术对高等教育发展的价值重构与路径创新》，《现代教育技术》第 10 期。

范先佐，1997，《我国教育经济学发展的回顾与展望》，《高等函授学报》（哲学社会科学版）第 2 期。

郭蕾，2006，《劳动力市场中信息不对称对大学生就业的影响及对策研究》，《宜宾学院学报》第 11 期。

郭昭君，2019，《"区块链 + 高等教育"：高等教育发展新视角——基于沃尔夫区块链大学模式的思考》，《中国成人教育》第 3 期。

黄步添、蔡亮，2016，《区块链解密：构建基于信用的下一代互联网》，清华大学出版社。

林蕙青，2006，《高等学校学科专业结构调整研究》，博士学位论文，厦门大学。

刘俊学、吕明娥、王小兵，2008，《再论高等教育服务及其主要特征》，《江苏高教》第 6 期。

刘宛晨、周伟，2007，《促进我国高等教育入学机会公平的财政政策研究——基于高等教育资源配置的角度》，《财经理论与实践》第 6 期。

马永霞，2005，《高等教育供求主体利益冲突与整合》，博士学位论文，华中师范大学。

那欣，2009，《我国高等教育供求现状及其经济学分析》，硕士学位论文，首都经济贸易大学。

苏叶兰、詹莎，2010，《社会阶层流动视阈下的高等教育公平探析》，《江西社会科学》第 6 期。

王晓辉，2014，《一流大学个性化人才培养模式研究》，博士学位论文，华中师范大学。

王旭辉，2016，《我国高等教育若干典型供求关系研究》，《中国高教研究》第 1 期。

王旭辉，2020，《高等教育供求问题的理论述评与研究展望》，《高教探索》第 2 期。

吴宏超、范先佐，2006，《我国教育供求研究的回顾与反思》，《教育与经济》第 3 期。

徐明星、刘勇、段新星、郭大治，2016，《区块链：重塑经济与世界》，中信出版集团。

许进军，2009，《高等教育供求矛盾及对策分析》，《继续教育研究》第 9 期。

阎光才，2014，《毕业生就业与高等教育类型结构调整》，《北京大学教育评论》第 4 期。

颜莉冰，2005，《高等教育资源的区域公平性研究》，《高教探索》第 5 期。

杨德广，1999，《发展教育产业迫在眉睫》，《探索与争鸣》第 10 期。

杨现民、李新、吴焕庆、赵可云，2017，《区块链技术在教育领域的应用模式与现实挑战》，《现代远程教育研究》第 2 期。

游清泉，2003，《开放教育与教育的开放——21 世纪我国高等教育改革发展趋势与选择》，《中国远程教育》第 21 期。

曾之光、沈士仓，2003，《大学毕业生就业市场中的信息不对称及其对策》，《人口与经济》第 6 期。

张同利、李侠，2008，《劳动力市场信息不对称问题探讨》，《宏观经济管理》第 11 期。

张雅婷、姚小玲，2018，《当前教育供需矛盾产生的原因及其对策》，《北京航空航天大学学报》（社会科学版）第 5 期。

朱静，2001，《试论办学体制与教育供求的关系》，《教育与经济》第 1 期。

Burrage, M. E. 2010. *Martin Trow: Twentieth-Century Higher Education: Elite to Mass to Universal*. Johns Hopkins University Press.

流行病学转变趋势与人口健康：关于健康中国的决定因素分析

〔加〕索马·合瓦 刘 波/著

董晓晓/译*

摘 要：首先，本文简要地总结了西方医学中疾病致病原因的主要理论解释在现代社会流行病学中具有的局限性，以及在工业化社会慢性疾病背景下的促进西方人口健康的措施和疾病预防方法的发展。其次，本文考察了当前中国社会的流行病学发展趋势与促进人口健康策略的相关性。在分析影响中国人口健康的社会决定因素的最新发现时，研究者发现有效的人口健康促进战略必须建立在能够有效提供相关信息的社会流行病学健康信息中心的基础之上。虽然传染病在中国的死亡率和发病率中占重要位置，但是慢性疾病如恶性肿瘤、心脏病、呼吸系统疾病和脑血管疾病的发病率正处于稳步上升之中。最后，为了应对当前流行病学的趋势和多种危及健康的挑战，本文通过论述分析提出一些在社会流行病学的大背景下的关键研究领域，开展相关领域的研究有助于中国未来的健康政策的制定。

关键词：细菌理论 社会流行病学 一般易感性

引 言

现代西方医学的基础通常被描述为生物医学模式。它假设疾病是生物

---

* 索马·合瓦（Soma Hewa），加拿大安大略省金斯顿女王大学政策研究学院教授；刘波，广州大学公共管理学院副教授；董晓晓，广州大学公共管理学院硕士研究生。

体内的细胞变量正常功能出现偏差的结果。而且，现代西方医学将疾病分为身体疾病和精神疾病，且身体疾病与精神疾病可以分开治疗。疾病的表现就是体细胞以某种形式偏离了生物变量的正常秩序，可以通过药物对它们进行治疗以恢复身体的各项正常机能。所以，身体就像一台机器，它的任何故障（疾病）都可以被修复。正如西方医学这种机械的比喻，它假定医生是一个机械师，承担着修复机能失调的身体的任务。所以整个生物医学模型，包括身体、疾病、医学和医生等已经被理解为一个机械，它被描述为"机械生物医学模型"（Carlson and Chamberlain，2005；Hewa，2002）。

这种针对人体的特殊方法往往高估了医学作为技术必需品的作用。因此，它在其框架内没有为健康和疾病的社会、环境、行为和心理因素留下任何余地。生物医学模型不仅要求将疾病作为一个独立于社会和行为因素的实体来处理，而且提倡行为障碍本身是由生物化学或神经心理缺陷引起的。对健康和疾病的主观解释被认为是无关紧要的（Aronowitz，2008；Full-wiley，2008）。

显然，生物医学对疾病的认知采取了一种简化论的方法，将疾病的复杂现象归结为单一的主要因果原理。在这里，主要的原因是物理因素，这可以用化学和物理学的语言来解释。机械生物医学模型的哲学基础在 19 世纪细菌致病论的发展中得到加强，它假定每一种疾病都是由一种特定的可识别的病原体（如细菌或病毒）引起的。人们开始寻找能够在生物学领域摧毁感染源的治疗方法。在 1861~1880 年的一系列实证研究中，路易斯·巴斯德证明，在鸡体内注射霍乱弧菌可以导致鸡霍乱。1882 年，罗伯特·科赫发现了结核杆菌，并将它定义为结核病的病因。这两个重要的发现促成了一个特定的病因学说和一个神奇子弹（化学试剂可以破坏特定的生物体）的概念。研究人员努力寻找单一的、特定的疾病病因，然后通过神奇的药剂将它们击中，既消灭它们又使其他生物体毫发无损（Wade and Halligan，2004）。

虽然活跃于 19 世纪的社会医学运动解释了社会和经济状况如何影响健康，但它被认为过于激进，因为它主张改善人们的生活条件从而进行社会改革。例如，鲁道夫·魏尔肖主张发展德国的医疗和经济，并希望实行影响生活条件的社会改革，以给正在发展的细菌病学发现作补充。查德维克、恩格斯和雪诺揭露了欧洲工业革命时期人们糟糕的生活环境和工作条件导致了疾病的广泛传播。恩格斯于 1845 年在他最著名的一篇散文《英国工人阶级的状况》中写道，当一个人对另一个人造成身体损害，这种伤害导致其死亡，我们称之为过失杀人；当攻击者事先知道这种伤害是致命的，我们称之为谋杀。但是，社会把数以百计的无产者置于这样一种境地，使他们不可避免地过早遭遇非自然的死亡，而又允许这些条件继续存在社会的行为就是谋杀，正如个人的行为一样（Engels，1845）。这种观点经常被指责过于激进，因此其在主流学术论文和科学研究中被抵制。

虽然细菌理论是医学发展中的一个重大突破。但它无意中使科学家专注于缺乏社会环境和经济背景的实验室程序。细菌理论的支持者没有做出合理的判断，而且完全否定了非生物因素的重要性，即细菌和病毒是疾病的主要致病因子，其致病作用是由社会环境条件介导的。因此，20世纪的医学实践牢固地建立在以下前提之上：（a）疾病是一个偏离的可测量的生物学参数规范的过程；（b）理解疾病的最佳方式是利用病理生理学之类的科学，其原理是根据分子生物学、生物化学和物理学制定的；（c）人类病人是一个生物有机体（身体），因此，用勒内·笛卡尔的话说，"如果根本没有意识在里面，它（身体）就不会停止具有相同的功能"；（d）因此，身体的每一部分都对应专门的知识领域；（e）疾病的治愈通常是通过物理变化实现的（例如，减少或中和病原体）；（f）医学是通过实验室研究发展起来的应用科学，整个过程缺乏病人的社会经济和心理状况（Bynum et al.，2016；Hewa，2002）。

在过去的几十年里，人们逐渐认识到社会决定因素在人口健康方面的重要性，这是社会流行病学综合学科研究法的结果。

近年来，社会学、生物学、心理学、人类学、经济学等学科通过几十年的实证研究揭露了关于日常生活中的社会经济压力给人类健康带来的挑战，神经内分泌学已经成为影响人类健康的关键性理论解释。例如，通过神经内分泌系统、自主神经系统和免疫系统的变化来适应日常生活带来的外部挑战的生理适应被描述为"异体停滞"。这种适应过程反过来又会引起主要器官的变化，从长远来看会导致例如心脏和大脑，以及各种组织的磨损和撕裂。非稳态负荷指的是由于适应而导致的生物系统磨损的累积，这种累积在慢性疾病和老化过程中的表现是很明显的。然而，生物有机体的弹性可以通过更好的应对机制和社会支持得到加强（Berkman，2000；Kawachi and Berkman，2003；McEwen and Gianaros，2010；McEwen et al.，2015）。

在下面的章节中，我们将简要地讨论西方工业社会中社会流行病学发展的曲折历史。特别是以健康的社会决定因素的概念作为一个框架，这个框架囊括了类别广泛的社会经济和结构性条件，如社会经济地位（收入和收入分配）、幼儿经历、社会支持网络和人际关系，将围绕已知的影响人类健康和福祉的问题进行简要讨论。此外，最近的实证研究以社会介入和引导健康进程的复杂机制进行审查，揭示社会经济决定因素通过神经免疫系统和行为途径来影响健康的结果。这些调查结果改变了公众对社会因素决定健康的态度认知，以及将这些问题视为与人口健康相互关联的倡议的必要性，这些倡议的关键优先顺序有可能对人口健康产生重大影响。通过讨论西方工业化国家在人口健康方面的一些例子，描述其他国家在人口健康方面的政策发展趋势，可以助推中国决策者努力制定人口健康战略。

一　多视角方法

即使医药和医疗技术长期被认为是 20 世纪初期人类预期寿命延长和死亡率下降的至关重要的因素，但认为社会条件和经济条件的改善对健康做出同样重要贡献的证据开始形成一定的势头。20 世纪 40 年代以来，越来越多的医学历史学家和社会学家的研究表明，19 世纪末期传染病死亡率的下降只有一小部分是由于细菌学的发现，而像肺结核这样的重大疾病死亡率的急剧下降却是在医学发展之前。例如，McKeown（1979）发现了令人信服的证据，证明早在有效医学发展之前的 19 世纪晚期，除天花之外，随着营养条件、生活条件和个人卫生的改善，传染病的死亡率就已经下降了。他认为，婴儿死亡率下降的原因是婴儿得到了充足的营养，以及更好的护理和喂养，母亲得到了充足的食物供应，而不是医学产科服务得到了改善。同样，伤寒和痢疾死亡率的下降使 McKeown（1979）确信，"19 世纪末以来，由水和食物传播的疾病死亡率的迅速下降与医疗干预没有多大关系"。

生活条件和公共卫生的改善导致死亡率下降，这表明疾病因果关系是一个复杂的发展过程，是一个涉及疾病病原体、人类宿主和环境（包括社会和身体）的多因果过程。导致疾病的因素是生物、化学或物理因素，其存在是造成疾病的必要条件。人类宿主的个人行为、遗传的易感性、免疫系统和情绪状态，使其容易受到疾病媒介的影响。外部的环境可能通过社会活动削弱人类宿主的防御系统，并使人类宿主暴露于致病因素之下（Kunitz，2007）。例如，政治动态和自然灾害是两种不同的外部因素，它们有可能削弱人类宿主的防御系统。个体的易感性取决于面对恶劣环境时抵御致病因素攻击的生物、免疫和心理能力。

因此，由于社会和经济发展，传染病和寄生虫病的死亡率下降至少来自两个不同的方面。第一，卫生和生活条件的改善以及污水系统的处理和清洁水的供应大大减少了环境的敌意，使其适合人类宿主居住。第二，提供足够数量的营养食品和教育改善了婴儿的个人卫生和喂养方法，加强了宿主的防御能力。这两方面的发展在 19 世纪后期的发展中显然都不属于科学医学范畴。最重要的是，居住环境中资源的可利用性和居住稳定性降低了人类宿主的脆弱性（Carpiano，2007）。

二　一般易感性

疾病的多诊断方法，如单围绝经期细菌理论，高度重视致病因子与人类宿主之间的联系。然而，与胚芽理论不同的是，多听模型强调的是调解社会和物理环境以及使人类宿主容易受到致病因素攻击的身体与心理因素。从这个意义上说，多因果分析法似乎是在更广泛的社会环境背景下在理解疾病与健康方面向前迈进的一步。然而，这两种方法的问题在于，它们无法准确地解释同一人群中某些社会经济和人口变量与死亡模式之间的关系，这些人群受到同样的病理因素的影响。例如，死亡率在已婚人士和未婚人士、不同社会阶层或社会地位群体以及不同社会关系或关系网的人群之间存在差异。早在 1937 年，韦德·汉普顿·弗罗斯特（Frost，1937）就撰写了关于美国结核病死亡率下降的文章，他认为，结核病死亡率下降并不局限于采取了具体措施的地区，而是广泛存在于没有采取这类措施的地区。

结核病减少的最重要的原因之一是人类施加的阻力增加。选择性死亡率的影响，以及环境的改善，如更好的营养、身体压力的减轻、趋向于提高所谓的非特异性抗药性，导致人类抗药性大幅度增强。这突出表明，生活环境以及情感和社会关系可能加强或削弱个人对抗疾病的能力。

社会流行病学家丽莎·伯克曼和卡塞尔·赛姆从早期对非特异性宿主抵抗力改善假说的调查中得到启示，展开了一项为期 9 年的前瞻性研究，调查对象是居住在阿拉米达县的 6928 名成年人（Berkman and Syme，1979；Najman，1980）。在 1965 年时，初步研究的结果显示，社会关系较少的人在 9 年的随访期间死亡的可能性更大。社会关系指数（衡量社会整合程度）包括一系列社会关系，如婚姻状况、与朋友和亲戚的联系、组织成员和教会成员，从 1965 年的第一次研究到 9 年的随访期结束，与死亡率相关的其他发现令人震惊。在随访期间，与社会关系最密切的人相比，那些最孤立的人死于各种原因的可能性是其他人的 2~3 倍，这些原因包括心脏病、癌症、呼吸系统疾病、胃肠道疾病等。研究发现，社会关系与死亡率之间的关系独立于自我报告的身体健康状况、社会经济地位和健康指标，如吸烟、饮酒、肥胖、体育活动和预防性健康服务的利用。一般易感性论点解释了一个给定的人口（社会群体）对疾病的脆弱程度。当研究人员发现疾病社会梯度独立于获得的医疗和卫生服务时，白厅研究加大了对一般易感性理论的研究力度（Marmot，2004；Marmot and Shipley，1996；Marmot et al.，2008；Marmot and Wilkinson，2001）。这项始于 1967 年的研究发现，英国公务员队伍中较低级别的公务员死于冠心病的比例高于较高级别的公务员。对第一批白厅研究参与者长达 25 年的跟踪调查证实了有关于死亡率与官僚等级之间存在反向梯度的最初发现：官僚等级越高，死亡率越低。大多数官僚死亡的主要原因证实了死亡率与官僚等级之间的疾病社会梯度。这项研究揭示了财富分配与死亡率之间的重要联系。在发达国家，绝对收入不再与死亡率相关。相反，与死亡率相关的是财富的相对匮乏或不平等分配。尽管社会底层的人们的收入仍然远远高于贫困线，但是随着人们社会等级的降低，他们的收入水平也会下降。因此，收入等级的真正影响与物质剥夺毫无关联，而是社会环境中自我价值感的下降影响了他们的健康（Mackenbach，2006；Wilkinson，2005；Wilkinson and Pickett，2007）。社会经济因素导致疾病的关键是心理因素对健康和疾病的影响，通常表现为社会地位、社会关系和社会互动的相对剥夺。这些媒介并不能确定人们会容易受到哪种特定疾病的侵害。相反，它们在整个流行病学环境中产生了对疾病的一般易感性。多年来，进行类似研究的社会流行病学家得出结论，那些与社会联系更紧密的人寿命更长，更有可能在心肌梗死中存活，癌症复发的可能性更小，比那些与社区融合程度较低的人患传染病的可能性更小（Berkman et al.，2004；Carpiano and Fitterer，2014；Kawachi et al.，2008；Prus，2011）。

这些研究表明，虽然社会和经济挑战对神经免疫和生理系统施加了适应性压力，但社会支持和应对机制增强了器官的复原力。对于那些熟悉 19 世纪末研究欧洲自杀的古典社会学家埃米尔·涂尔干的著作的人来说，这些发现所强调的内容并不是全新的。埃米尔·涂尔干清楚地建立了自杀率与社会整合水平之间的联系。虽然自杀显然是一种个人的自我毁灭行为，但它深受某些社会条件的影响，如个人已经开始拒绝融入社会。对于涂尔干来说，自杀不仅是个人的悲剧，而且是整个社会的状况，有着悲剧性的个人后果（Carpiano and Kelly，2005；Durkheim，1951）。

有一种检查行为变化与健康风险增加关系的方法，可以证实社会隔离与外阴疾病的发病率和死亡率提升之间是有联系的。例如，社会流行病学已经证实，社会隔离经常表现为个人某些行为的改变导致不健康的生活方式选择，如吸烟、饮酒、过度放纵和缺乏体育锻炼。

罗伯特·普特南（Putnam，2000）进行了几项关于社会资本的研究，他认为，根据经验，如果你不属于任何一个组织，但是决定加入一个组织，那么你在接下来的一年里死亡的风险就会减少一半。如果你吸烟而且不属于任何团体，那么从统计学上来说，你应该戒烟还是应该开始参加吸烟活动就是一个难以决定的问题。

他认为，社会关联性是最基本的，但也是人类福祉最强大的决定因素。也许这就是古典政治哲学家（如马克思和黑格尔）所说的："人是社会的存在。"否定这种人性是要付出代价的（Kawachi et al.，2004；McEwen and Gianaros，2010）。

健康的社会决定因素的另一个方面是社会环境和生理调节过程的特点。近年来，研究最广泛的方面是健康的社会决定因素，即神经内分泌调节和活动。社会特征主要通过下丘脑—垂体—肾上腺（HPA）轴和交感神经系统触发多种激素进而影响各种生物系统的功能，延长这种情况可引起严重的终末器官（心脏、肾脏、脑等）损伤。研究表明，持久的压力会导致神经免疫内分泌介导快速衰老。这种压力可以通过外部和内部反应以多种方式影响健康。虽然内部调解可以激活神经免疫内分泌（Carlson and Chamberlain，2005；McEwen and Gianaros，2011），但外部对压力的反应可能导致行为改变，如饮酒、吸烟、暴饮暴食和缺乏体育锻炼。这两个过程会在持续的压力经历和疾病的生物表现之间进行调节，如心脏病、癌症、中风、消化性溃疡和传染病。如图1所示，人类社会是由相互依存的社会经济、政治、生物和环境系统构成的，这些系统是健康和疾病的多重决定因素。这些决定因素是人们日常生活中的一部分，会导致生理、心理和行为反应，在社会经济条件与疾病之间进行调解（Brunner，2000）。

本质上，这些研究人员一直试图回答的问题是"社会经济因素和关系

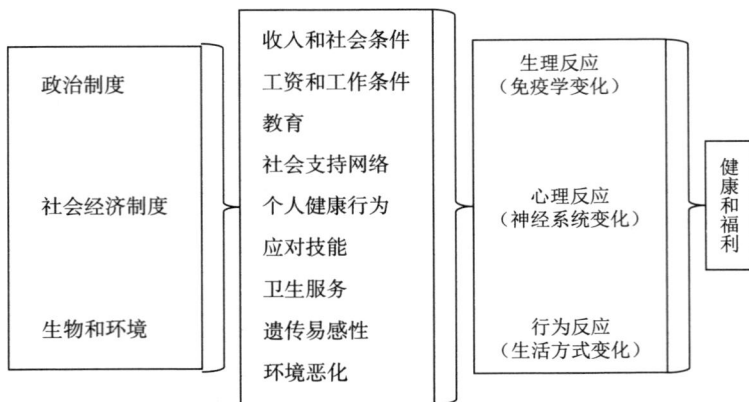

图 1　影响健康的社会决定因素的复杂机制

是如何进入我们的身体的？"拥有广泛社交网络的人在这个过程中在其生活中高度紧张的时刻会得到物质和情感上的支持。

　　人口健康战略集中于健康的社会决定因素，而不是个体的风险因素。健康和福利的提升必须基于以下几个前提。

　　第一，个体的身心会受到社会、政治、经济和环境作用的影响。

　　第二，健康的决定因素与社会经济因素、环境因素、心理因素、生理因素是相互关联的。

　　第三，疾病是生理和心理系统秩序混乱的临床表现。

　　第四，基于跨部门的预防疾病和促进健康行动必须成为一个长期目标。

　　这样的社区支持和归属感起到防止个人陷入绝望的安全网的作用。社会关联和支持环境会增加 HPA 轴的抑制信号，这反过来又会提高 HPA 的激活阈值，从而令潜在环境挑战对生物系统的影响最小化。换句话说，如果个人确信其处于困境时能够得到足够的社会支持，那么这种认知可以防止来自 HPA 轴的全面的压力反应。社会整合和关联（社会网络工程）的个体差异因此可以改变对外部挑战的认知知觉，从而可能反过来缓和对这些挑战的神经内分泌的反应（Carpiano，2006；Goldstein，2011；Kawachi et al.，2004；McEwen and Gianaros，2010）。

　　30 多年来对影响北美洲和西欧健康的社会决定因素进行的大量研究，使西方工业化社会在采用人口健康办法预防疾病和促进健康方面取得了重大的政策成就。在下一节中，我们将简要回顾两个示例，一个是来自北美洲的例子和另一个是来自欧洲的例子，以说明我们的观点。然而，我们鼓励读者阅读大量关于人口健康及其对西方政策发展的影响的文献。

三 对政策的影响

在北美和西欧，现在针对健康、医疗实践和教育的公共政策始终将重点放在战略规划上，管理甚至消除疾病，研究人口受伤和早逝的潜在社会决定因素（Public Health Agency of Canada，2013；Public Health England，2014）。此外，在慢性疾病流行病学的背景下，它们积极推进促进人口健康成果的发展，特别是在亚人口群体中。《加拿大人口健康倡议：2012—2017》（*The Canadian Population Health Initiative*，*Strategic Directions 2012 to 2017*）将其任务定为"支持决策者和卫生系统工作人员通过研究和分析，综合证据和业绩，改善人口健康和减少健康不平等"，该机构继续对导致健康不平等的各种健康决定因素和途径进行研究。此外，通过对相关政策问题的持续研究，研究人员"影响政策，促使决策者和卫生系统管理人员将科研成果付诸实施"的能力得到提升（Canadian Institute for Health Information，2013）。作为政策重点的一部分的卫生部门得到所有其他部门的支持，且在许多部门之间采取协作战略是政策指导的重中之重。

同样，联合国的人口健康战略指出，"英格兰公共卫生的存在是为了保护和改善国家的健康和福祉，减少健康不平等。它通过倡导、兼职、世界级的科学、知识和智力，以及提供专业公共卫生服务来做到这一点"（Public Health England，2014）。现在可以从更广泛的社会经济决定因素及其在特定人群中导致特定疾病的神经生理学角度看待健康问题。根据社会流行病学的这一新观点，人口健康被定义为一群人的健康状况和这些状况在该群体内社会经济决定因素中的分布。例如，在英国最新的对抗儿童肥胖的行动计划中这一点显而易见，该计划清楚地认识到肥胖对社会阶层基础的压倒性作用。

这个影响对那些来自低收入家庭的孩子来说最为沉重。生活在最贫困地区的儿童的肥胖率最高，而且身体情况会越来越糟。生活在最贫穷收入群体的 5 岁儿童与最富裕的同龄人相比，肥胖的可能性是他们的 2 倍，到 11 岁时，肥胖的可能性是他们的 3 倍（Public Health England，2016）。

这些国家所采取的人口健康战略的核心假设是，认识到健康风险在人口中的广泛分布。人口健康战略必须补充与特定疾病有关的个人风险和临床因素这一生物医学重点。此外，在特定人群中，任何特定疾病的高危人群的比例都是这些风险因素在整体人口中的平均分布函数，因此，我们与其把重点放在风险分布的上端（或高风险个体），不如把它作为一种更有效的预防策略，以减少整体人口中的健康风险分布。除了卫生预防成果和决定因素，人口健康还涉及旨在影响卫生不公平现象的主要卫生政策和干预措施。相应地，人口健康战略集中于该人群中的全部人口或概定社会群体。

四　流行病学在中国的转变

这一部分是针对中国正在发生的流行病学和社会经济变化，提出相应的人口健康提升策略。首先，让我们简要地分析一下主要的流行病学转变和这些变化的社会经济前兆。

直到最近，中国公共卫生的重点还一直放在减少和控制传染病上，而很少注意了解人口健康的社会决定因素。虽然传染病仍然对中国的死亡率和发病率起着重要作用，但是恶性肿瘤、心脏病、呼吸系统疾病、脑血管疾病和意外事故的发病率正在稳步上升。如表 1 所示，中国目前的疾病负担主要是由非传染性疾病造成的，排名前 10 位的死亡原因与国家日益富裕及人民生活方式的改变密切相关。根据世界银行最近的一项研究，非传染性疾病已成为中国疾病负担的最大来源，其死亡人数约占所有疾病、残疾和过早死亡人数的 80%。该研究预测，到 2030 年，随着人口老龄化，非传染性疾病的发病率和死亡率将显著上升，除非采取有效措施促进健康老龄化和预防非传染性疾病（The World Bank，2011）。

表 1　中国人口十大死亡原因：每 10 万人的年龄标准化死亡率

死亡原因	死亡率（每 10 万人）	排名	世界排名
斯托克（脑血管疾病）	153.61	1	20
冠心病	99.44	2	70
肺病	67.56	3	6
肺癌	38.84	4	8
肝癌	24.47	5	4
胃癌	21.11	6	3

死亡原因	死亡率（每10万人）	排名	世界排名
交通事故	18.49	7	77
高血压	16.46	8	90
流感和肺炎	15.11	9	136
糖尿病	14.80	10	121

注：前10位死因的死亡人数占中国总死亡人数的70%~80%。
资料来源：世界卫生组织2014年数据。

对于一个经济快速增长的中等收入国家来说，中国在人口健康方面如较长的预期寿命和较低的婴儿死亡率的成就，被广泛认为与国民收入不成比例。而且，大多数令人印象深刻的中国的健康指标是在中国实行改革开放政策和融入全球化市场之前实现的。例如，1952~1992年，婴儿死亡率从每1000人死亡200人下降到34人，出生时的预期寿命从35岁增加到68岁。这一时期的中国社会符合"以人为本的发展战略"（Sen，2000）。战略政策的组合，包括在历史中承诺将卫生作为一个社会目标，以社会福利为导向的发展方案，社区参与有关的卫生决策过程，所有社会群体的医疗服务普遍覆盖，以及促进健康的部门间的联系使中国能够以低成本实现良好的健康（The World Bank，2011）。在这一时期，以社会保障为导向的经济政策占据了优先地位，总体增长政策的目标是提高农村群众的地位，保障其公平获得土地。然而，20世纪80年代社会化医疗保险改变了过去的许多健康成果。全民医疗保险已经恢复，近95%的人口现在已经由公共资助的卫生系统覆盖（Dreze and Sen，2013）。这些基础广泛的发展政策直接促成了流行病学从主要的传染病转变为慢性疾病。

这些现象表明，良好和公平的健康并不取决于国家的高水平财富。正如中国流行病学转变和世界卫生组织强调的那样，通过经济发展实现的潜在健康收益是有限的，总体发展指标本身不能纠正某些与慢性病流行病学直接相关的结构性问题。虽然最贫穷的10%的人口的生活水平继续提高，但中国贫富差距非常大（Dreze and Sen，2013）。根据一些学者的研究，从1990年到2007年，中层和下层阶级的生活满意度分别下降了3.4%和14.19%（Bartolini and Sarracino，2015）。证据显示，慢性病并不是特定的社会阶层所特有的，而是在整个人口群体中普遍存在的（Gao et al.，2013）。此外，某些人口健康成果在各区域和亚人口群体之间的分配不均。例如，中风、癌症、高血压和心脏病等在过去是富裕社会阶层的疾病，现在正迅速成为中国各地常见的健康问题。2000 年，农村居民平均预期寿命为 69.6 岁，比城镇居民平均预期寿命 75.2 岁低 7.4%。2005 年，中国农村婴儿死亡率（每千名婴儿死亡 25.7 人）是城市婴儿死亡率（每千名婴儿死亡 10.7 人）的 2.4 倍。同样，2006 年，中国农村孕产妇死亡率（每 10 万人生产婴儿死亡 45.5 人）是城市孕产妇死亡率（每 10 万人生产婴儿死亡 24.8 人）的 1.8 倍。农村和城市人口之间的这些死亡率差距可能是缺乏相关服务或妨碍人们获得这种服务的行政障碍的结果。尽管如此，中国各地的健康差距仍然在继续扩大（World Health Organization，2008）。

五　经济增长的代价：环境对健康的影响

（一）　生活方式和家庭结构变化对健康的影响

在全国范围内，发病率指标显示，与生活方式相关的疾病明显从传染性疾病转向了传染性疾病与经济发展和收入增加这两者关系的研究（Wang et al.，2007；Zheng et al.，2015）。城镇工业化和城市化加速导致传统大家庭结构以及相应的社会支持网络的解体，如远离年迈的父母、朋友和邻居。随着年轻人移居到城市中心就业，他们通常会抛下年幼的子女和年迈的父母。面对长期的隔离和孤独，他们常常对烟酒产品上瘾（Yin et al.，2011）。据估计，目前中国约有 68% 的男性和 3.2% 的女性是吸烟者，每年有 100 多万人死于吸烟。最近的一项研究表明，甚至有小到 8 岁的儿童开始养成吸烟的习惯。如果中国目前的吸烟率有增无减，到 2030 年，每年将有 200 万人直接死于吸烟。肺癌与其他形式的癌症和心脏病病例的增加可能是因为吸烟人群的高比例（Chen et al.，2015）。

（二）　儿童经历对健康的影响

除了在成年期所经历的慢性应激，在敏感发育期所经历的应激也会对全身负荷和适应负荷产生长期影响，从而导致慢性疾病。据估计，在中国 12% ~15% 的有一个 12 岁孩子的家庭会将年幼的孩子长时间留给祖父母或其他近亲，时间甚至长达一年，以便其离开家乡从事就业（Feng，2016；Wang et al.，2005）。只有在节假日孩子们才能见到他们的父母并与父母相处大约 3 个星期。这些儿童有严重的情绪和心理问题，这些问题往往是中国农村地区越来越多的年轻人有心理健康问题的原因。儿童早期的应激经历会对其一生中的身体行为和心理发展有重要的影响。尤其是，一个人童年时期的情感剥夺往往与其学历和行为问题有关，这些问题可能会导致终身的物质与情感安全感的缺乏。

最近的研究表明，受虐儿童的大脑前额叶皮层往往较小，这会导致执行功能的缺乏，以及行为问题，包括注意力快速转移或无法集中、冲动，以及运动活动的增加。研究表明，悲惨的童年经历往往会使儿童产生重大的生物学变化（生物标记），改变他们的成熟模式和非稳态系统的反应性，从而对其健康产生长期影响。尽管一个人的内分泌和免疫系统在出生时还没有完全发育成熟，但是在童年时期它们仍然经历着深刻的变化。然而，这些研究表明，人类的大脑有能力吸收与年龄相关的显著变化，至少直到青年时期，即使这些变化是创伤性和持久性的，尤其是在社会经济快速变化的时期（Danese and McEwen，2012）。

（三） 社会资本下降对健康的影响

社会经济的发展往往会对大多数社会的传统社会价值观产生腐蚀作用，中国也不例外。中国传统社会价值观受到腐蚀的问题在最近一系列广为人知的事件中暴露无遗，在这些事件中一些年轻人由于害怕承担责任而不愿帮助需要帮助的陌生人。社会支持、人际信任和社会网络作用被统称为社会资本，我们认为社会资本对健康有积极影响，因为它通过提高个体的应对技能从而提高其生理适应能力。社会关系与健康之间的联系通过心理途径发挥作用。社会关系为个人在困难时期提供了重要的心理保障，这种保障可能具有社会和经济基础。除了这些社会关系所能提供的物质支持，强烈的情感支持也有助于增强自我效能感、体育锻炼活动和个人健康实践的能力。此外，在个人生命后期，促进社会融合的社会支持能促进其快速适应社会变化（McEwen and Gianaros，2010）。

Bartolini 和 Sarracino（2015）利用世界价值观调查数据，揭示大多数中国人觉得他们的个人幸福感受到侵蚀，这种主观不满的原因是社会比较。尽管中国在各项生活水平指标上得分极高，但主观认知指标却显示出中国人对个人生活的明显不满。2007 年，中等收入的中国人对生活的满意度明显低于 1990 年。Bartolini 和 Sarracino（2015）认为，就个人主观幸福感而言，社会资本发展趋势远比经济增长重要。社交能力的下降和收入差距的扩大是中国人主观幸福感下降的核心原因。考虑到社会关系和网络对健康的重要性，这些发现尤其令人感到担忧。

（四）对政策的影响

中国令人印象深刻的经济增长伴随着预期寿命的显著提高，预期寿命从 1970 年的约 60 岁提高到 2010 年的 75 岁，尽管同期国内生产总值增长的回报率迅速下降。这表明，与其他存在较大经济收入差距和社会不平等的工业化国家的趋势一致，中国在人口健康方面的改善再也不能继续通过提供基本需求来实现。

在中国经济发展的这一阶段，必须以提高生活质量的形式来改善人口健康状况，其中包括减少收入不平等、改善社会保障体系、提高全体公民的生活质量。收入差距过大会导致个体产生绝望感，这种绝望感直接与许多慢性疾病有关，如高血压、糖尿病、肥胖症和心脏病。

除了减少不平等现象，因为过度拥挤和低于标准的住房常常阻碍传染病的有效消除，所以改善城市和乡村的生活条件也是至关重要的。正如许多研究人员所讨论的那样，在经济发展的早期阶段，人们的预期寿命会显著提高，即使是最小幅度的生活水平的提高也会导致流行病学转变。

旨在解决经济问题的社会政策对减轻慢性疾病负担毫无用处。对人口健康战略的投资会给三个主要领域带来好处：（a）可持续的经济增长，因为健康的人口是经济的主要贡献者；（b）显著降低与疾病和其他社会弊病有关的费用；（c）整体的社会稳定。

透明、有效和高效的监管对于可持续发展至关重要，但不受监管（或监管执行不力）的工业生产实践会导致严重的环境污染。破坏环境和损害当地居民健康的工业是不可持续发展的。烟草制品、酒精和快餐的消费以及缺乏体育活动是慢性疾病的主要危害因素，这些因素损害了人口的经济生产力。然而，所有这些危害因素都可以通过有效的人口健康政策来预防。

为了制定有效的社会政策，决策者需要具体说明这些健康的社会决定因素如何在社会群体中分配，哪些社会群体更容易受到具体风险因素的影响。为了提供这些信息，研究人员需要研究疾病在人群中的分布，并且必须确定决定疾病分布的因素。本文所讨论的资料为有兴趣在中国进行人口健康研究的人们提供了有价值的研究方向和理论模型。特别是，这里讨论的理论、概念解释和模型可用于根据具体的社会经济条件和历史背景设计长期的前瞻性研究模型和方法工具。

大多数由社会决定因素影响的健康问题都有根深蒂固的文化背景，考虑具体问题的解决方案时必须敏感地考虑这些文化背景。因此，前瞻性研究必须着眼于对中国人口健康有广泛影响的复杂的社会环境和文化因素。人口健康政策必须以这些经验研究所收集的信息为基础，以便能够找到解决主要健康问题的适当和有效的办法。我们已经确定了有关实证研究必须关注的一些关键研究课题，这些课题需要从广泛的理论和学科视角进行审视。

帮助政策制定者的建议研究领域有以下几个。

一是健康的社会决定因素与应对策略（异体停滞）：贫困、教育、不平等和收入分配（农村与城市）；酗酒、药物滥用、吸烟、个人健康习惯和应对技能；儿童早期情绪体验与儿童肥胖；精神疾病、精神创伤、事故和家庭暴力；工作条件和生物可分解添加物；移民、社会、文化、家庭和卫生服务；社会关系的质量——相互支持、网络和信任——社会资本；城市化和工业化对健康的影响。

二是相对剥夺与健康不平等：在亚人口层面——农民工、工厂工人和农村社区；老龄化和老年人的社会支持——老年人护理和虐待相关问题；妇女和青少年的健康和社会问题；农民工及其家庭——人际关系及应对技巧；卫生服务——可获得性和可用性。

三是疾病模式及其结果的趋势（适应负荷）：非传染病流行病学；癌症流行病学；传染病流行病学；生殖健康和性健康问题；事故、自杀、和残疾。

人们广泛研究了社会关系对预防重大健康问题的影响。例如，配偶的死亡或离婚可以被视为社会关系的破裂，也可以被视为造成严重压力的重大生活事件。目前还不清楚这种经历究竟是一种压力来源还是一种社会缓冲的缺失，但它们都使个体遭受压力从而引起生理疾病（非稳态负荷）。然而，各种各样的生活变化，比如配偶的死亡、离婚、移民、退休、破产、失业，以及自然灾害造成的个人财产损失，往往会导致严重的情绪和身体混乱，对健康造成长期影响。在这些情况下，缺乏社会支持可能会增加生物机制，这些机制提高了个人对包括冠状动脉疾病和癌症在内的一系列疾病的脆弱性。

将社会网络与发病率联系起来的心理社会途径已经通过四种方式确定。

第一，信息联系——使用社交网络的人比没有使用社交网络的人更有可能获得更好的医疗保健方面的信息、建议和服务。这些信息和服务反过来可能会影响他们的身体健康。

第二，物质支持——使用社交网络的人比那些与社会脱节的人更有可能获得物质援助，如经济援助和其他形式的援助。拥有广泛社会关系的人往往会得到群体成员的帮助，这些人补充了社会上提供的一般服务。

第三，社会控制和同伴压力——社会团体的成员通常作为一种社会控制机制，控制诸如吸烟、过度饮酒等损害健康的活动，并可能鼓励诸如体育锻炼和休闲活动等促进健康的做法（Berkman，2000）。

第四，神经内分泌通路——社会隔离是一种与人体神经内分泌和生理功能的变化直接相关的慢性应激状态，可导致疾病的易感性。例如，延长的压力状态与心血管疾病、癌症、感染和阿尔茨海默病（Adler et al.，2012；Brunner，2000）等所谓的非稳态负荷或压力诱发的损害有关。

这些研究强调了几种将社会经济条件与特定健康问题联系起来的途径。这些研究结果仅仅是指导思想，而且是基于在北美和西欧国家进行的研究，因此在某种程度上受到某些独特的社会环境和文化传统的影响。例如，不同的社会环境之中的人对社会和经济不平等的容忍和接受程度可能不同，对这种情况的心理反应程度可能因社会环境而异。因此，社会和经济不平等可能不会以同样的方式在所有人的行为中作为疾病的社会心理原因而表现出来。这些都是研究人员需要考虑的发展研究问题、假设和概念的测量问题。例如，2007 年，Yip 等人在中国农村进行的一项研究中，研究了社会资本与健康之间的关系。他们认为，在经济迅速增长的背景下，常用的社会资本措施是适当的与渐进的、根本的社会变革共存。他们利用组织成员资格（结构性）、认知社会资本信任、亲和力、互助等测量手段对结构性社会资本和认知性社会资本进行了区分。这是一个重要的区分，在衡量社会资本的背景和文化差异时需要理解这一点。

六　总结

人们对什么使其生病和什么使其保持健康的理解，不可避免地会决定其采取什么措施来预防疾病和增强健康。教育系统、卫生保健系统、社会组织和福利政策通常反映了人们所认为的健康和疾病的主要决定因素。19世纪晚期出现的细菌致病论卫生组织作为流行病学家响应世界各地的主要传染病卫生组织，通过成功地诊断特定的病原体和制定传染病的治疗措施而获得了大众的认可。将传染病和寄生虫病传播途径分为空气传播、水传播、食物传播和媒介传播，进一步压缩了诊断和治疗过程，从而促进了对主要疾病的防治行动。因此，它促成了细菌学、免疫学和细胞病理学的一系列重大发现，促进了生物医学模型的发展。生物医学上的这些发现，加上社会环境和生活条件的迅速改善，减少了环境的敌意，增强了人类宿主对疾病的抵抗力，从而导致自19世纪中叶以来寄生虫病和传染病的患病人数稳步下降。

然而，到20世纪初，随着生活水平的提高和传染病患病人数的减少，发达工业化国家的预期寿命进而提高。在这些国家，慢性疾病或非传染性疾病成为主要的死亡原因。对于疾病的多角度研究方法出现于20世纪下半叶，流行病学从以传染病为主转变为以慢性疾病为主，慢性疾病成为人类死亡的主要原因。流行病学的多因果研究方法不仅涉及研究对象的重大转变和对多种原因作用的认识，而且涉及研究和数据分析的新技术。

类似于20世纪早期在西欧和北美发生的流行病学转变，当代中国流行病学正在从以传染病为主转变为以随着经济的快速发展所带来的受社会变化影响的慢性疾病为主。在过去的几十年里，中国的工作和生活条件、传统的社会关系、个人健康习惯以及运动锻炼活动都发生了巨大的变化，这些变化现在开始影响人口的发病率和死亡率模式。

许多当代的健康问题不能用细菌致病论来解释，因为单一的健康问题与病原体没有直接联系。慢性疾病发展的过程复杂，如冠状动脉疾病或癌症，往往需要很长一段时间的物理因素变化才能表现为特定的行为，例如社交、心理和环境因素等通过生理神经内分泌和代谢系统（适应负荷）对健康产生影响。此外，对疾病的敏感程度受社会中个人可获得的资源的影响，包括社交网络和健康的人际关系。在这种背景下，多因果分析是整体性的，因为它认识到生物、神经免疫功能和社会经济因素作为抵御疾病的资源的重要性，而在社会经济剥夺和慢性社会隔离的背景下，这些资源的耗竭使个人和社区容易患病（非稳态负荷）。我们需要了解社会经济因素与新出现的流行病学趋势之间的这种复杂关系，以便对中国的人口健康做出适当的反应。经济的增长给中国人民带来了巨大的物质财富，但由于日常生活的社会和经济压力，他们的生活更加紧张。社会流行病学探讨了疾病的社会决定因素及其社会分布，强调了大脑在感知心理和生理威胁以及组织整体反应方面的卓越作用。这意味着健康并不存在于与人分离的真空中，人们创造了一个结构和组织影响他们的行为、经济资源分配和社会关系，疾病和死亡存在的主要原因正是在这些社会结构中。

参考文献

Adler, N. , N. R. Bush, and M. S. Pantell. 2012. "Rigor, Vigor, and the Study of Health Disparities."*Proceedings of the National Academy of Sciences* 109: 17154 – 17159.

Aronowitz, R. A. 2008. "Framing Disease: An Under Appreciated Mechanism for the Social Patterning of Health."*Social Science & Medicine* 67(1): 1 – 9.

Bartolini, S. , and F. Sarracino. 2015. "The Dark Side of Chinese Growth: Declining Social Capital and Well-Being in Times of Economic Boom." *World Development* 74: 333 – 351.

Berkman, L. F. 2000. "Social Support, Social Networks, Social Cohesion, and Health."*Social Work in Health Care* 32(2): 3 – 14.

Berkman, L. F. , and I. Kawachi. 2000. "A Historical Framework for Social Epidemiology." In *Social Epidemiology*, edited by L. F. Berkman, and I. Kawachi, pp. 3 – 12. New York: Oxford University Press.

Berkman, L. F. , and S. L. Syme. 1979. "Social Networks, Host Resistance and Mortality: A Nine Year Follow-Up Study of Alameda County Residents. " *American Journal of Epidemiology* 109: 186 – 204.

Berkman, L. F. , M. Melchior, J. F. Chastang, I. Niedhammer, A. Lederc, and M. Goldberg. 2004. "Social Integration and Mortality: A Prospective Study of French Employees of Electricity Company of France-Gas, France: The GAZEL Cohort. " *American Journal of Epidemiology* 159: 167 – 174.

Braveman, P. B. 2011. "Accumulating Knowledge on the Social Determinants of Health and Infectious Disease."*Public Health Reports* 126: 28 – 30.

Brunner, E. J. 2000. "Toward a New Social Biology."In *Social Epidemiology*, edited by L. F. Berkman, and I. Kawachi, pp. 306 – 331. New York: Oxford University Press.

Bynum, W. F. , A. Hardy, S. Jacyna, C. Lawrence, and E. M. Tansey. 2006. *The Western Medical Tradition 1800 to 2000*. London: Cambridge University Press.

Canadian Institute for Health Information. 2013. *Factors Influencing Health.*

Carlson, E. D., and R. M. Chamberlain. 2005. "Allostatic Load and Health Disparities: A Theoretical Orientation. " *Research in Nursing & Health* 28: 306 – 315.

Carpiano, R. M. 2006. "Towards a Neighbourhood Resource-Based Theory of Social Capital for Health: Can Bourdieu and Sociology Help?" *Social Science and Medicine* 62: 165 – 175.

Carpiano, R. M. 2007. "Neighbourhood Social Capital and Adult Health: An Empirical Test of Bourdieu-Based Model. " *Health and Place* 13: 639 – 655.

Carpiano, R. M., and B. C. Kelly. 2005. "' What Would Durkheim Do?' A Comment on Kushner and Sterk. "*American Journal of Public Health* 95: 2120 – 2121.

Carpiano, R. M., and L. M. Fitterer. 2014. "Questions of Trust in Health Research on Social Capital: What Aspects of Personal Network Social Capital Do They Measure?" *Social Science & Medicine* 116: 225 – 234.

Chatterji, S., P. Kowal, C. Mathers, N. Naidoo, E. Vereles, J. P. Smith, and R. Suzman. 2008. "The Health of Aging Populations in China and India. "*Health Affairs* 27(4): 1052 – 1063.

Chen, Z., et al. 2015. "Contrasting Male and Female Trends in Tobacco-Attributed Mortality in China: Evidence from Successive Nationwide Prospective Cohort Studies. " *The Lancet* 386: 1447 – 1456.

Danese, A., and B. S. McEwen. 2012. "Adverse Childhood Experiences, Allostasis, Allostatic Load, and Age-Related Disease. " *Physiology & Behavior* 106: 29 – 39.

Dreze, J., and A. Sen. 2013. *An Uncertain Glory, India and Its Contradictions*. Princeton: Princeton University Press.

Durkheim, E. 1951. *Suicide: A Study in Sociology*. New York: Free Press. (Original Work Published 1897).

Engels, F. 1845. *The Condition of the Working Class in England* (1987 edition). Middlesex: Penguin Books.

Feng, E. 2016. "China to Survey Children Left Behind by Migrant Workers. " http://www. nytimes. com/2016/03/30/world/asia/china – left – behind – children – survey. html.

Frost, W. H. 1937. "How Much Control of Tuberculosis?" *American Journal of Public Health and the Nation's Health* 27: 759 – 766.

Fullwiley, D. 2008. "Out from under the Skin: Disease Etiology, Biology and Society: A Commentary on Aronowitz. " *Social Science & Medicine* 67: 14 – 17.

Gao, Y. et al. 2013. "Prevalence of Hypertension in China: A Cross-Sectional Study. " *PLoS One* 8: e65938.

Goldstein, D. S. 2011. "Stress, Allostatic Load, Catecholamines, and Other Neurotransmitters in Neurodegenerative Diseases. "*Endocrine Regulations* 45: 91 – 98.

Hewa, S. 2002. "Physicians, the Medical Profession, and Medical Practice. " In *Health, Illness and Health Care in Canada*, edited by B. S. Bolaria, and H. D. Dickinson, pp. 145 – 189. Toronto: Nelson, Thomson Learning.

Kawachi, I. , and L. F. Berkman. 2003. *Neighborhoods and Health.* New York: Oxford University Press.

Kawachi, I. , D. Kim, A. Coutts, and S. V. Subramanian. 2004. "Commentary: Reconciling the Three Accounts of Social Capital. "*International Journal of Epidemiology* 33: 682 – 690.

Kawachi, I. , S. V. Subramanian, and D. Kim. 2008. "Social Capital and Health: A Decade of Progress and Beyond. " In *Social Capital and Health*, edited by I. Kawachi et al. , pp. 1 – 26. New York: Springer.

Kunitz, S. J. 2007. *The Health of Populations: General Theories and Particular Realities.* New York: Oxford University Press.

Larsen, J. 2011. "Cancer Now Leading Cause of Death in China. "Accessed May 25. http: // www. earth-policy. org/plan_ b_ updates/2011/update96.

Mackenbach, J. P. 2006. "Socio-Economic Inequalities in Health in Western Europe. " In *Social Inequalities in Health*, edited by J. Siegrist, and M. Marmot, pp. 154 – 170. Oxford: Oxford University Press.

Marmot, M. 2004. *Status Syndrome: How Your Social Standing Directly Affects Your Health and Life Expectancy.* London: Bloomsbury.

Marmot, M. , and R. G. Wilkinson. 2001. "Psychosocial and Material Pathways in the Relation Between Income and Health: A Response to Lynch et al. " *British Medical Journal* 322: 1233 – 1236.

Marmot, M. G. , and M. J. Shipley. 1996. "Do Socioeconomic Differences in Mortality Persist after Retirement? 25 Year Follow up of Civil Servants from the First Whitehall Study. "*British Medical Journal* 313: 1177 – 1180.

Marmot, M. G. , M. J. Shipley, H. Hemingway, J. Head, and E. J. Brunner. 2008. "Biological and Behavioural Explanations of Social Inequalities in Coronary Heart Disease: The Whitehall II study. "*Diabetalogia* 51: 1980 – 1988.

McEwen, B. S. , and P. J. Gianaros. 2010. "Central Role of the Brain in Stress and Adaptation: Links to Socioeconomic Status, Health, and Disease. " *Annals of the New York Academy of Sciences* 1186: 190 – 222.

McEwen, B. S. , and P. J. Gianaros. 2011. " Stress-and Allostasis-Induced Brain Plasticity. " *Annual Review of Medicine* 62: 431 – 445.

McEwen, B. S. , D. J. Gray, and C. Nasca. 2015. "Recognizing Resilience: Learning from the Effects of Stress on the Brain. "*Neurobiology of Stress* 1(1) : 1 – 11.

McKeown, T. 1979. "The Role of Medicine: Dream, Mirage or Nemesis?" *London: Nuffield Hospital Trust* 8: 207.

Najman, J. M. 1980. "Theories of Disease Causation and the Concept of a General Susceptibility: A Review. " *Social Science and Medicine* 14A: 231 – 237.

Prus, S. G. 2011. "Comparing Social Determinants of Self-Rated Health across the United States, and Canada. " *Social Science & Medicine* 73: 50 – 59.

Public Health Agency of Canada. 2013. *Strategies for Population Health*. Ottawa: Government of Canada.

Public Health England. 2014. *Global Health Strategy: 2014 to 2019*. London: HM Government of the United Kingdom.

Public Health England. 2016. *Childhood Obesity: A Plan for Action*. London: HM Government of the United Kingdom.

Putnam, R. D. 2000. *Bowling Alone: The Collapse and Revival of American Community*. New York: Simon & Schuster.

Sen, A. 2000. "Economics and Health. " *The Lancet* 354: 20.

Siegrist, J. , and M. Marmot. 2005. *Social Inequalities in Health*. Oxford, England: Oxford University Press.

The World Bank. 2011. "Toward a Healthy and Harmonious Life in China: Stemming the Rising Tide of Non-Communicable Diseases. " Washington: Human Development Unit, East Asia and Pacific Region, The World Bank.

Wade, D. T. , and P. W. Halligan. 2004. "Do Biomedical Models of Illness Make for Good Healthcare Systems?" *British Medical Journal* 329: 1398 – 1401.

Wang, L. , L. Kong, F. Wu, Y. Bai, and R. Burton. 2005. "Preventing Chronic Diseases in China. " *The Lancet* 366: 1821 – 1824.

Wang, Y. , J. Mi, X. Y. Shan, Q . J. Wang, and K. Y. Ge. 2007. "Is China Facing an Obesity Epidemic and the Consequences? The Trends in Obesity and Chronic Disease in China. " *International Journal of Obesity* 31: 177 – 188.

Wilkinson, R. G. 2005. *The Impact of Inequality*. New York: New Press.

Wilkinson, R. G. , and K. E. Pickett. 2007. "The Problem of Relative Deprivation: Why Some Societies Do Better than Others. " *Social Science and Medicine* 65: 1965 – 1978.

World Health Organization. 2008. *Closing the Gap in a Generation, Commission on Social Determinants of Health*. Geneva, Switzerland: Author.

World Health Organization. 2011. "China, 2011: ' Live Longer and Live Better' ". http://www. who. int/countries/chn/en; www. worldlifeexpectancy. com.

Yin, P. , M. Zhang, Y. Li, Y. Jiang, and W. Zhao. 2011. "Prevalence of COPD and Its Association with Socioeconomic Status in China: Findings from China: Chronic Disease Risk Factor Surveillance 2007. ”*BMC Public Health* 11: 586 – 594.

Yip, W. , S. V. Subramanian, A. D. Mitchell, D. T. Lee, J. Wang, and I. Kawachi. 2007. “Does Social Capital Enhance Health and Well-Being? Evidence from Rural China. ”*Social Science & Medicine* 64: 35 – 49.

Yuan, J. , W. X. Zhang, J. Shen, P. Zhang, and H. Ma. 2009. “Reported Changes in Health-Related Behaviours in Chinese Urban Residents in Response to an Influenza Pandemic. ” *Epidemiological Infections* 137: 988 – 993.

Zheng, M. , C. R. Peto, Z. Maigeng, A. Iona, M. Smith, Y. Ling, and L. Liming. 2015. “Contrasting Male and Female Trends in Tobacco-Attributed Mortality in China: Evidence from Successive Nationwide Prospective Cohort Studies. ” *The Lancet* 386: 1447 – 1456.

家庭照料方式对子女就业的影响[*]

李悦童　李燕芝　卢荷英　李　畅[**]

摘　要：随着中国人口老龄化日益严重，老年照料问题引起了社会的关注。而子女在老年照料上扮演着重要角色，可能会因照料问题受到不同程度的影响，特别是就业上的影响。为让不同经济阶层的家庭选择最优的照料方式，本研究基于 CHARLS 2011 年 2013 的数据，利用描述性分析和分位数回归分析探究正式照料与非正式照料对子女就业的影响，并着重探究对其收入的影响。结果表明，总体上对老年照料越趋向于正式照料，子女的收入越高，且在选择正式照料后低、高收入群体的收入增长速度比中收入群体的要快。对此，本文建议政府可以提供社区支持并鼓励有老年人的家庭优先选择正式照料，从而释放家庭劳动力，在提高家庭收入的同时，为劳动力市场提供更多的劳动力资源，促进社会发展。

关键词：正式照料　非正式照料　就业影响

引　言

（一）研究背景

根据 1956 年联合国《人口老龄化及其社会经济后果》确定的划分标准，当一个国家或地区 60 岁以上老年人口占总人口的 10%，或 65 岁以上

---

　*　本文系广州大学大学生创新训练项目（项目编号：201811078073）的阶段性成果。
**　李悦童、李燕芝、卢荷英、李畅，广州大学公共管理学院本科生。

老年人口占人口总数的 7% 时，即意味着这个国家或地区处于老龄化社会。①《2018 年国民经济和社会发展统计公报》显示，中国 60 周岁及以上的老年人口为 24949 万人，占总人口的 17.9%，且《中国人口老龄化发展趋势预测研究报告》认为，到 2050 年，中国老年人口总量将超过 4 亿人，老龄化水平会上升到 30% 以上，其中，80 岁及以上老年人口将达到 9448 万人，占老年人口的 21.78%。这说明中国不仅已经处于老龄化社会，而且将日趋严重。在日益庞大的老年人口数量面前，"未富先老""少子化"等社会问题涌现，劳动年龄人口比重及数量逐渐显现下降的趋势（杜航，2018：64 -67）。若还是盲目遵循传统思想，"把家庭养老视为孝文化或孝政治的载体"（姚远，2001：33 - 43）而坚持使用非正式照料，就很有可能出现劳动力供给减少进而制约经济持续的增长（穆光宗，2019：7 - 9），因此很有必要注意老年人的照料问题。此外，子女无论是作为家庭经济来源还是市场劳动力，都是不容忽视的角色，因此，需要进一步探究不同照料方式对其造成的影响，特别是就业上的影响。

（二）研究目的和研究意义

1. 研究目的

本文利用 CHARLS 2011 年和 2013 年的数据，分析目前中国城乡家庭对老年人的照料方式对成年子女就业的影响，结合当前中国社会整体上在老年人照料方面的不足，提出有关提高老年人照料质量与家庭收入之间协调性的政策建议。

2. 研究意义

（1）理论意义。目前国内关于老年人照料方式的选择及其影响因素的研究有很多，大多数文献论述了城乡、家庭收入、老年人健康状况和老年人受教育程度等因素对老年人照料方式选择的影响，却鲜有针对照料方式的选择对子女就业影响的研究。本文基于中国国情，比较分析了不同照料方式的选择造成的子女就业和收入的差异，拓宽了公共管理的研究范畴。既有的研究关注的大多是家庭因素（彭青云，2017：54 - 63）和照料模式（林莞娟等，2014：54 - 62；黄枫、傅伟，2017：136 - 152），这样的研究

---

① 《全球老龄化状况及其应对措施》，新华网，2015 年 10 月 1 日，http：//www. xinhua-net. com/world/2015 - 10/01/c_ 128285525. htm。

虽然比较全面，确有其研究价值，但也使这些研究的关注面显得过于宽泛，没有明显的针对点。本文将从子女的收入这一要素出发，重点突出成年子女收入受照料方式选择的影响，并将收入分多个层次来分析其受照料模式选择的影响，进一步丰富老年人照料模式的理论研究。

（2）现实意义。改革开放以来，计划生育政策的实行和城镇化进程的加快，使中国老龄人口的比例逐渐上升，老年人口基数大、增长快、高龄化，中国养老负担加大。本文基于 CHARLS 2011 年和 2013 年的数据，研究不同照料方式对子女就业的影响，探讨能否通过改变家庭老年人照料方式来改善家庭经济状况和老年人健康状况，为减轻城乡居民家庭养老负担、制定养老相关政策等提供实证参考。同时，本文进一步考虑劳动力市场供给发展趋势，试图通过实证结果来鼓励释放家庭劳动力，充盈市场劳动力资源，以缓解劳动年龄人口不足的社会问题。

（三）文献综述和研究假设

1. 文献综述

目前国内对照料方式进行划分并做出概念界定的研究有很多，例如，刘妮娜和郭月青（2016：126 - 136）把老年照料方式具体划分为正式照料、非正式照料、混合照料和自我照料四种，并把其中的正式照料界定为仅有正式照料资源为有照料需求的老人提供的照料，非正式照料界定为仅有非正式照料资源为有照料需求的老年人提供的照料，混合照料界定为上述两种照料方式相结合的照料，自我照料界定为有照料需求的老人自己照料自己；陆杰华和张莉（2018：22 - 33）根据照料的来源将照料分为传统照料模式、转型期照料模式以及社会化照料模式，传统照料模式是指由家人、朋友、邻居等提供的照料，转型期照料模式是指由家庭、社区和政府共同承担的照料，社会化照料模式是指由政府或社区提供的照料；陈欣欣和董晓媛（2011：147 - 160）则根据照料者的角色把老年照料方式分为无人照料、家庭照料（即非正式照料）、社会照料（即正式照料）三种。以上学者对于老年照料方式的划分细致具体，但在实践过程中难以明确其中的界限，操作起来较为困难。为更加清楚地把握照料方式之间的界限，提高数据的科学性与可行性，本文决定采用具有明确界限且符合本文需求的林莞娟等（2014：54 - 62）提出的划分方式，即以日常护理为标准，把非正式照料界定为非市场化的照料方式，并且一般是由家庭成员特别是子女充当照料者；

而把正式照料界定为市场化、支付性的医疗护理。具体来说，前者是指家庭成员承担起传统意义上的赡养责任，花费自身的时间来亲自照顾老年人的生活起居；后者则是通过向家政服务公司、养老院及医院门诊等机构支付费用来雇用专业的照料人员，为老年人提供护理服务。

在探讨老年照料方式的选择对子女产生的影响上，有学者指出非正式照料会显著减少子女的工作时间和降低子女的劳动参与率（蒋承、赵晓军，2009：80－87），而且这种影响对于女性照料者更为明显（黄枫，2012：16－26；刘柏惠，2014：48－60；范红丽、陈璐，2015：91－98；陈璐等，2016：176－189）。家庭养老是老年人最偏爱的生活照料方式，相对于其他的照料方式更容易使老人获得更高的健康水平（黄枫、傅伟，2017：136－152）。但是受传统文化、社会观念以及不同性别选择偏好差异的影响，女性在劳动力市场获得的社会资本回报远远不及男性（王肖婧，2018：123－128），这使得两者在收入上拥有较大的差距。为了保证家庭具有较为稳定的经济来源，在某种程度上家庭会偏向于让女性来承担照料老年人的任务而男性外出工作。以上的原因会在一定程度上促使更多的女性牺牲自己部分或者是全部的工作时间来照料老人，这在无形之中对女性的工作参与率造成了重大的影响。所以有学者认为正式照料对子女的影响较小，例如刘柏惠和寇恩惠（2015：22－33）认为，增加社会照料的供给能减少子女的负担，让子女利用多出来的时间参加劳动力市场，进而提高子女的效用水平。

在进一步探究正式照料与非正式照料之间的联系时，林莞娟等（2014：54－62）通过工具变量法对非正式照料变量内生性进行控制后发现，非正式照料对家政服务、养老院服务和门诊等正式照料服务均有明显的替代效应。但是，有研究指出在一般情况下，家庭照料对于家政服务有显著的替代作用，但对医疗服务不存在替代作用；当老人处于较为严重的失能状态时，家庭照料对于家政服务利用和支出的替代作用开始弱化。仅当老人处于临终特殊时期，家庭照料与家政服务之间才呈现互补的关系（黄枫、傅伟，2017：136－152），这进一步细化了非正式照料与正式照料之间的关系。而在讨论家庭养老与机构养老的发展时，有研究表明，在成本相同时，家庭养老的效用优于机构养老（邓颖等，2004：373－376）；但有的研究不看好家庭养老的发展，认为由家庭提供的长期护理越来越难以维持，由正式机构提供的长期护理则会有很大的发展空间（黄成礼，2006：208－210）。这说明对正式照料与非正式照料还存在众多争议，两者究竟孰优孰劣仍需做进一步的探究。

在结合已有研究成果的情况下，本文认为选择不同的照料方式对不同经济情况的家庭会有不同的影响，因此不能笼统地将所有的家庭放在一起分析。本文试图在不同经济结构的家庭上进一步区分出经济状况良好与经济状况较差的家庭，分析他们选择的家庭照料方式，并进一步比较哪一种照料方式更利于现代家庭的经济发展，以此对老年家庭及中国养老政策提出建议。

2. 研究假设

在照料方式对子女经济收入影响的问题上，有文献指出在个人收入水平提高的条件下，时间的稀缺性会随之提高。而老年人的生活照料是一种劳动和时间密集型活动，所以如果经济收入高的子女亲自去照顾老人，那么满足老年人生活负担需求的机会成本就会相应提高，从而会造成经济负担的增加（张西飞，2000：18－20）。并且非正式照料存在对照料者的隐性的"工资惩罚"，使得照料者的工资水平低于非照料者，而这种工资差距是由不可解释的因素所导致的（刘柏惠，2014：48－60）。由此，本研究根据两者之间的关系进行推导，得出假设 H1。

H1：正式照料方式对家庭子女的收入水平有显著正向影响。

大量的研究表明，老年人的照料模式与子女的收入有着明显的联系，而且在不同收入群体中这种联系的强度和方向有可能不一样。因此，本文认为在正式照料方式对家庭子女的收入水平有正向影响的情况下，这种联系会导致不同收入群体的收入增长率不同。刘柏惠等（2012：86－95）对老年人社会照料使用的不均等性进行了分析，认为收入是造成正式照料服务使用不均等的最主要因素。不同收入情况下的正式照料的使用情况存在明显差别，总体来看收入越高，使用越多。同时，在老年人的需求满意度方面，医疗需求满意度也明显受到家庭人均收入的影响。其中，高收入家庭老年人对于医疗需求的满意度比低收入和中等收入家庭老年人的要高，低收入家庭老年人的医疗需求满意度比中等收入家庭老年人的要高（袁笛、陈滔，2019：106－117）。可以看出低收入家庭老年人更容易满足于现有的医疗条件，老年人对正式照料服务的质量和数量需求不高，因此在正式照料上的支出不会太高。高收入家庭在选择正式照料的情况下，子女会把更多的时间与精力投向工作，创造出更大的工作效用，且其利用充裕的时间创造出来的经济价值，能够极大地满足老年人对于正式照料的质量和数量的需求。但是中等收入家庭老年人习惯较安逸的生活，对质量更高的生活有更美好的向往，对于正式照料的质量和数量的需求也会相应变高，从而相对来说提高了正式照料方面的花费。基于此，本文认为可以用该月"总收入－照料开支"来表示各收入群体的月收入情况，并在此基础上估计收入增长速度。基于以上分析，本文提出假设 H2。

H2：正式照料对低收入、高收入群体的收入增长更有利。

一　研究设计

（一）　理论基础

1. 就业影响

Carmichael 等（2008）认为，子女对老年人的照顾责任会对其就业产生影响，主要表现在就业时间、职业更替和财务影响方面，子女会因照顾老人而通过交换数小时的有偿工作来保持就业、改变工作以结合有偿工作和照顾行为，或完全放弃有偿工作等。此外，非正式照料方式花费的时间和精力，使子女更容易将工作和护理结合起来，从而采取相应的策略。这可能会导致照料人员的人力资本受到侵蚀，从而进一步限制他们的就业。

2. 家庭照料的计量估计模型

Becker（1965）的家庭生产函数指出，子女从市场上购买各种物品，并结合自己的时间，生产可获得效用的消费品。照料服务是子女用于生产健康的投入要素，因此照料服务是子女对健康需求的引申需求，即消费品。子女据此所获得的效用是父母的健康。根据 Becker 的理论，子女从市场中购买各种物品或服务，并结合自己的时间，生产出各种能产生效用的消费品。同时，子女在收入与时间的限制下，追求个人效用水平的最大化。在这一框架下，子女的效用函数、家庭生产函数和收入效用预算限制式与时间限制式，可以分别表示如下：

$$U = U(H, Z) \tag{1}$$

$$H = G_1(M, T_h; E) \tag{2}$$

$$Z = G_2(X, T_h; E) \tag{3}$$

$$P_m M + P_x X = R = N + W T_w \tag{4}$$

$$T = T_w + T_h + T_x \tag{5}$$

其中，U 为子女作为消费者的效用水准；H 指代老人的健康；Z 代表其他能使子女获得效用的消费品；X 为其他能使子女获得效用的物品；T 指的是子女可利用的时间；T_w 指代子女用于工作的时间；T_h 指代子女为了父母健康所付出的时间；T_x 代表子女用于生产其他消费品的时间；M 为照料服务量；E 代表影响子女在非市场部门生产效率的环境变量；P_m 为每单位照料服务的价值；P_x 为每单位物品的价格；R 指代子女可支出的货币收入；W 指代子女每小时的工资率；N 代表子女可能存在的非薪资收入。式（1）表示能使子女获得效用的消费品有两种：一是老年人的健康；二是其他各种消费品。式（2）表示，健康是通过子女在市场上购买的照料服务，并加上购买的时间所产生；式（3）与式（2）相似，不同的是式（3）是对于其他消费品而言的；式（4）表示子女用于购买其他物品的支出与购买照料所支付的费用的总和，应等于子女可支付的货币收入，而子女可支付的货币收入，则等于其非薪资收入加上工作的薪资收入；式（5）表示子女用于工作的时间，加上其花在生产健康与生产 Z 消费品的时间等于其可利用的总时间，这个限制式还表示子女的时间是有限的。

基于 Becker 的家庭生产函数模型，本文提出基于家庭照料的计量估计模型：

$$inc_{it} = \beta_0 + \beta_1 \, caretype_{it} + X_{ij}\gamma + \in_i \tag{6}$$

其中，inc_{it} 表示个人收入，$caretype_{it}$ 表示照料方式，$X_{ij}\gamma$ 为其他控制变量（年龄、性别、居住地状况、受教育程度、是否因健康影响工作、工作状况、婚姻状况、户口类型），$\in_i$ 为残差项。

（二）数据来源

本文使用的数据来源于中国健康与养老追踪调查（China Health and Retirement Longitudinal Survey，CHARLS），它是由北京大学国家发展研究院所开展的跨学科调查项目，调查对象是中国 45 岁及以上中老年人家庭及个人，目的是利用收集的数据来分析中国的老龄化问题并进行跨学科的老龄化研究，为制定和完善相关的政策提供更扎实的基础。CHARLS 基线调查于 2011 年开始，两年追踪一次，曾于 2011 年、2013 年、2015 年分别在全国的 28 个省（区、市）开展调查，在 2015 年的追访调查中，样本包括 1.24

万户家庭的 2.3 万名追访者。CHARLS 的问卷设计参考了国际上的经验，例如 HRS、ELSA 以及 SHARE 等。

由于 CHARLS 于 2015 的调查数据不含老年人照料方面的相关信息，本文使用了资料更加全面的 2011 年和 2013 年的数据库，并基于这两期的面板数据进行分析。本文研究对象为有工作或者靠工作而获取收入并且家中有需要照料的老年人（父母或岳父母）的中老年子女，删除了年龄为 18 岁及以下和 60 岁以上的样本，得到的有效样本量为 4770 个。

（三） 研究思路和研究方法

1. 研究思路

首先，通过国内外的文献研究，了解不同的家庭照料方式以及家庭子女就业的影响因素，从而提出本文的研究假设。其次，运用 Stata15 数据分析软件对 CHARLS 两期数据进行整理及分析。描述性分析用于分析中国家庭子女就业影响因素，分位数回归（Quantile Regression） 分析用于探究家庭子女选择的照料方式对其收入状况的影响。最后，根据分析的结果，结合中国现存的公共政策和服务体系在应对老年人照料上的不足，提出相应的政策建议。

2. 研究方法

本文采用定量研究法，数据来源于 2011 年和 2013 年的 CHARLS，数据中包括了很多模块的内容以及许多与本文无关的个案和变量，因此使用 Stata15 数据分析软件对数据进行一定的处理。首先，使用描述性分析评估选择不同照料方式的中国家庭子女收入水平以及其他就业影响因素的情况。其次，运用分位数回归分析检验家庭照料方式对子女就业情况是否有显著影响。最后，通过分位数回归分析探究家庭照料方式在不同收入水平上对子女就业的影响，更具针对性地对不同工资人群提出意见与政策建议。

（1）描述性分析。描述性分析显示了家庭子女就业的收入水平及其集中趋势和离散趋势。此外，控制人口特征的变量包括性别、年龄、身体状况、自评健康、心理健康、婚姻状况、居住地状况、户口类型，控制社会经济的变量包括受教育程度、工作时间、工作状况、公共养老金，更具科学性。

（2）分位数回归分析。分位数回归（Quantile Regression） 分析是估计一组回归变量与被解释变量的分位数之间线性关系的建模方法，强调分位数的变化。与最小二乘估计相比，不同分位数下的回归系数估计量常常不同，分位数回归系数估计结果比最小二乘估计更稳健。分位数回归模型如下：

$$Y_i = X'_i\beta_\theta + \varepsilon_i\theta, i = 1, 2, \cdots, n \qquad (7)$$

其中，β_θ 表示参数向量，$\varepsilon_i\theta$ 是对应的误差，$0 < \theta < 1$ 为特定的概率值。令 $\widehat{\beta_\theta}$ 为分位数回归系数的估计值，$X'_i\ \widehat{\beta_\theta}$ 即为 Y_i 的第 θ 个分位数的值，对于上述式（7）中 β_θ 的估计即为求解：

$$\arg\min_{\beta \in R^d} E\left[\rho\theta(y_i - x'_i\beta)\right]$$

其中，$\rho\theta(\lambda) = \left[\theta - I(\lambda < 0)\right]$，I 为示性函数。

本文所采用的分位数回归模型，可以估计 inc_{it} 在给定 $caretype_{it}$ 下整个的条件分布，选择 4 个有代表性的分位点，它们是 3、5、7 和 9。

（四）变量选择设计

1. 个人收入

根据相关文献的研究，本文通过探究子女的工资收入来衡量家庭照料方式对子女就业的影响。选取子女税后工资收入来衡量，为了使极端值不影响整体工资收入的平均数，把原始变量取对数处理，作为被解释变量。同时将样本根据子女收入进行从小到大的排序，把处于前 30% 分位的定义为"低收入人群"，30% 分位到 90% 分位的定义为"中收入人群"，90% 分位以上的定义为"高收入人群"。

2. 照料方式

选取问卷中受访者和配偶在过去一年中是否向父母或岳父母提供任何非正式照顾的问题，将选项回答为"是"的赋值 1；选取问卷中被访者和配偶在过去一年中是否向其父母或岳父母提供了经济援助和被访者或配偶是否每周与父母或岳父母接触的问题，将前者选项回答和后者选项回答"是"的赋值 0，最后将它们作为本文核心解释变量"照料方式"。

3. 控制变量

刘柏惠（2014：48 - 60）利用 Heckman 两阶段模型和 Oaxaca 分解方法，在加入年龄、工作、性别、户口类型、婚姻状况、残障、配偶的工作情况、公共部门等作为控制变量后，研究得出子女照料老年人需要付出明显的机会成本。其中，性别在工资差距和"工资惩罚"中呈现不同的结果；

117

陈璐等（2016：176 – 189）在其研究分析方法中加入的控制变量，涉及年龄、婚姻状况、受教育程度、健康、家庭、工作特征，最终结果发现，照料活动与女性的劳动参与率和提前退休决策之间存在内生关系；陈华帅和曾毅（2013：55 – 67）研究发现，新农保在提高农村老人福利水平的同时，能够减少子女对老年人提供的代际支持。综合相关的文献研究，本文控制了基本的人口特征变量和社会经济变量，并借此减少遗漏变量带来的影响。其中，基本的人口特征变量包括性别、年龄、身体状况、自评健康、心理健康、婚姻状况、居住地状况、户口类型，社会经济变量包括受教育程度、工作时间、工作状况、公共养老金，具体处理见表 1。

4. 样本特征

通过对数据进行处理，本文的最终有效样本为 4770 个，样本基本特征如表 1 所示。

表 1　样本特征

变量	变量值	样本数	均值	标准差
个人收入	0.095 万 ~ 14.586 万元	6958	9.461	1.247
照料方式	0 = 非正式照料，1 = 正式照料	5085	0.897	0.304
性别	0 = 男，1 = 女	7340	0.365	0.482
年龄	19 ~ 60 岁	7340	51.319	4.878
身体状况	0 = 因身体状况失去工作，1 = 未因身体状况失去工作	6576	0.238	0.426
婚姻状况	0 = 已婚，1 = 非已婚（离婚、分居、丧偶、从未结婚）	7110	0.141	0.348
居住地状况	0 = 城市社区，1 = 农村社区	7323	0.692	0.461
户口类型	1 = 农业户口，2 = 城市户口，3 = 统一户口，4 = 没有户口	7328	1.321	0.495
受教育程度	1 = 文盲，2 = 小学，3 = 初中，4 = 高中及以上	7337	2.772	0.959
工作时间	每周 0 ~ 168 小时	6515	51.201	20.654
工作状况	1 = 农业工作，2 = 非农职业，3 = 自营职业，4 = 家族企业，5 = 失业者，6 = 退休，7 = 从不工作	7028	1.985	1.015
自评健康	1 = 极好，2 = 很好，3 = 好，4 = 一般，5 = 不好	6229	3.560	0.935
心理健康	1 = 很少或者根本没有因一些小事而烦恼，2 = 不太多因一些小事而烦恼（1 ~ 2 天），3 = 有时或者说有一半的时间（3 ~ 4 天）因小事而烦恼，4 = 大多数的时间（5 ~ 7 天）因一些小事而烦恼	6090	1.667	0.917
公共养老金	0 = 未获得公共养老金，1 = 获得至少一份公共养老金	7102	0.042	0.196

二 照料方式与子女就业的实证分析

（一） 家庭照料方式对子女就业的影响

为了验证家庭照料方式对子女就业的影响，同时减少其他因素的干扰，本文建立了两个模型。模型一是性别、年龄、身体状况、婚姻状况等控制变量与收入的对数的线性回归分析；模型二是照料方式在加入控制变量后与收入的对数的线性回归分析，模型二的解释力度较强（见表2）。

表 2　照料方式对子女收入影响的线性回归结果

变量	模型一	模型二
照料方式		0.170 **
		(0.065)
性别	− 0.507 ***	− 0.502 ***
	(0.034)	(0.048)
年龄	− 0.078 ***	− 0.014 **
	(0.010)	(0.005)
身体状况	− 0.189 ***	− 0.176 ***
	(0.092)	(0.047)
婚姻状况	0.026	− 0.002
	(0.146)	(0.065)
居住地状况	− 0.417 ***	− 0.475 ***
	(0.646)	(0.127)
户口类型	0.036	− 0.005
	(0.598)	(0.110)
受教育程度	0.206 ***	0.220 ***
	(0.060)	(0.026)
工作时间	0.003 ***	0.003 ***
	(0.069)	(0.001)
工作状况	0.529 ***	0.527 ***
	(0.075)	(0.047)
自评健康	− 0.089 ***	− 0.089 ***
	(0.019)	(0.023)
心理健康	− 0.935 ***	− 0.101 ***
	(0.018)	(0.023)

续表

变量	模型一	模型二
公共养老金	− 0. 121 （0. 093）	− 0. 148 （0. 099）
N	4770	3372
R^2	0. 284	0. 287

注：括号内为标准差，*** 代表 $p < 0.01$，** 代表 $p < 0.05$。

模型一表明，在不考虑照料方式的情况下，人口特征变量中的性别、年龄、身体状况、自评健康、心理健康和居住地状况以及社会经济变量中的受教育程度、工作状况和工作时间也会对子女收入的对数产生显著的影响。

从模型二可以看出，在控制人口特征和社会经济变量下，不同的照料方式对子女就业有显著的影响。照料方式在 0. 05 的显著水平下对子女收入的对数有显著的正向影响，假设 H1 得到验证。子女会因为正式照料而减轻自身的照料压力，空出更多的时间进入劳动力市场，全身心投入工作所创造出的效益有可能使总收入远大于总支出，从而拥有更高的收入。

通过回归结果探究控制变量对子女就业的影响。人口特征变量中的性别、年龄、身体状况、自评健康、心理健康和居住地状况以及社会经济变量中的受教育程度、工作状况和工作时间都对子女收入的对数有显著的影响。女性的收入显著低于男性的收入，这可能是因为女性会由于生育期或需要照顾家庭、抚养子女，而倾向相对稳定、有规律的工作，减少工作时间，从而缺少市场竞争力。年龄的增加对子女的收入有显著的负向影响，这可能是因为年轻人的市场竞争力较高。健康状况好、心理较健康的子女的收入显著高于状况差的子女，可能是因为身体是革命的本钱，综合健康程度越高的人工作效率越高，可能的参与工作时间就越多，进而可提高工作收入。农村子女的收入显著低于城市子女的收入，这是因为城市的经济水平高于农村的经济水平，所以收入有一定的差距。受教育程度的提高，对收入有显著的正向影响，这是因为受教育程度高的人远比受教育程度低的人竞争力要强，这种差距会体现在收入水平上。从事农业工作的子女的收入显著低于从事非农业工作的子女，这是因为一般农业工作的收入会低于非农业工作。

（二） 家庭照料方式对不同收入群体的影响

为了探究家庭照料方式的选择对不同收入程度的子女个体是否存在不同的影响，在上述线性回归分析的基础上，进一步进行分位数回归分析。模型三、四、五、六分别为照料方式对收入在三分位数、五分位数、七分位数、九分位数上的影响（见表3）。

表3 照料方式对子女工资的分位数回归结果

变量	模型三 （三分位）	模型四 （五分位）	模型五 （七分位）	模型六 （九分位）
照料方式	0.150 ** （0.067）	0.097 * （0.052）	0.091 ** （0.046）	0.121 ** （0.059）
其他控制变量	YES	YES	YES	YES
N	4481	4481	4481	4481
R^2	0.178	0.154	0.138	0.131

注：括号内为标准差，** 代表 $p < 0.05$，* 代表 $p < 0.1$。

简洁起见，本文在表3中未展示其他控制变量的估计结果，只关注照料方式对不同收入程度的子女个体的影响。结果显示：第一，偏向选择正式照料方式在各收入程度上的系数均为正数，即无论是在哪一收入程度的子女，选择正式照料方式的收入都显著高于非正式照料；第二，相比于中等收入的子女群体，高收入和低收入的子女群体从非正式照料改为正式照料后，收入的增长率较高，尤其在低收入子女群体中，选择正式照料方式的收入远远高于非正式照料下获得的收入。假设 H2 得到验证。

三 结论与建议

（一） 结论

本文利用 CHARLS 两期调查数据考察家庭照料方式对子女就业的影响，并着重分析对子女收入的影响，使用随机效益模型评估子女选择不同照料方式以及其他变量对收入水平的影响，并用分位数回归分析来更深入地探究不同照料方式在不同收入群体中对收入水平的影响，得到的结果有如下几个。

1. 从总体来看，对老年人的照顾越趋向于正式照料，子女的收入越高

把正式照料和非正式照料作为一个整体进行分析，结果显示，子女的收入会因选择正式照料而得到提高，而且这个结果是显著的。这说明正式照料可以使子女创造出更高的经济效益。虽然正式照料需要支付一笔费用，但始终保持着总收入大于总支出。此外，子女会因为正式照料而减轻自身的照料压力，空出更多的时间进入劳动力市场，其全身心投入工作所创造出的效益有可能使总收入远大于总支出，从而拥有更高的收入。

2. 正式照料会使低收入、高收入群体的收入增长速度相对高于中收入群体，尤其是对低收入群体来说

结合已有的研究结果我们得出的解释是，老年照料会降低照料者的工作参与率，从而降低其平均工资水平，带来隐形的"工资惩罚"。而高收入群体在非正式照料中会付出更高的机会成本，存在的通常意义上所说的"工资惩罚"会更大，如果选择正式照料就可以以"支付费用"的方式来减少"工资惩罚"，而且有机会获得收入更高的经济来源。因此即使高收入子女这个群体的父母对于正式照料的质量和数量的需求更高，在选择正式照料时这个群体也会有相对较低的成本。而对于低收入群体，他们往往具有更高的工资提升水平。低收入人群会更多为生计奔波，而非正式照料会在一定程度上限制他们的经济来源，但选择正式照料后他们可以通过参加工作来获取更高的经济收入。同时，低收入子女群体的父母可能对于正式照料的质量和数量不会有很高的要求，因此在选择正式照料时所需要的成本也相对较低。对于中等收入子女这个群体来说，即使解放生产力去投入工作，他们的工资也不会有很显著的提升，因为中等收入群体的收入相对稳定，没有更多的提升空间。同时，由于中等收入子女群体的父母可能对质量更高的生活有更美好的向往，对于正式照料的质量和数量的需求也会相应变高，从而相对来说提高了正式照料方面的花费。这也是为什么总体来看选择正式照料能够提高家庭收入，而且对低收入、高收入群体的收入增长更有利。

（二）建议

中国传统的"孝"文化是以不赡养父母为耻，而且观念上是侧重于子女亲自照顾父母，但考虑到子女本身还担负着整个家庭的经济来源，不能盲目地遵循在家照料老人就是最好的照顾方式的传统说法。因为，个人家

庭收入的增长是改善家庭生活质量最直接的因素。为了既使家庭的经济收入损失最少，使老人得到更好的照料服务，又改善市场劳动力供给的情况，本文提议各收入等级的家庭均选择正式照料，具体建议如下。

1. 政府与市场共同介入，发展和推广正式照料

本研究不仅证明了正式照料是增加家庭收入的有效方式，还为人口老龄化加剧带来的劳动力短缺问题提供了解决的渠道。这种养老模式在开展的过程中也会遇到一些问题，其中最为突出的就是正式照料的推广和制度保障问题以及市场效率的问题。在"孝"文化以及传统观念的影响下，绝大部分家庭尤其是中低收入群体，是难以意识到正式照料的选择实质上是更有利于家庭收入的增加的。此外，正式照料多是以单个家庭为主，需求太过分散，这就需要政府的支持。一方面，政府可以利用媒体，大力传播正式照料的优异性，特别是针对中低收入的家庭进行推广和宣传，使更多家庭注意到正式照料方式，增加正式照料的使用需求。另一方面，正式照料本质上是消费品，政府需要依靠市场的作用才能真正掌握服务的供求关系以及稀缺程度等状况，从而消除养老服务供给与需求之间的信息不对称问题，优化养老资源配置。政府应拓宽照料服务的供给渠道，通过降低税收、提供低息贷款等方式鼓励私人投资养老机构，这样既可为参与者提供经济激励，又可强化市场主体之间的竞争，强化参与者的竞争意识，在一定程度上有利于服务质量和生产效率的提高。

2. 充分考虑各收入群体经济供养能力的差异，依据不同的经济供养能力分层次设置机构的照料服务标准

由于正式照料是要在全社会的各个收入层次进行推广，所以需要根据不同的收入状况划定不同的消费标准和服务内容。各正式照料提供方可以充分考虑中低收入人群的经济情况，在确保正式照料基本服务需求得到满足的情况下，根据收费高低增加不同的服务内容。同时，由于在选择正式照料过程中中等收入家庭的受益是最低的，在正式照料推广过程中要更加注意为中等收入家庭提供福利，以保障该政策的相对公平。这样有利于各经济阶层的家庭更多地选择正式照料，释放出更多的劳动力去参加工作，为经济建设做贡献。

3. 关注养老机构的构建与护理人员的培养

养老机构的专业与否直接影响到老年人对正式照料的选择，同时，护理人员对老年人的服务态度影响着老年人对正式照料的接受程度。现有的

养老服务行业没有业内培训、上岗资质和业绩考核的标准，且服务人员薪酬较低，难以吸引到专业的人才。因此，本文认为，为了提升服务队伍的专业程度，政府部门应与养老机构等照料提供方合作，加强对现有养老服务人员的培训，同时制定行业考核制度，对养老服务标准化在政策上予以指导与支持，大力开展养老护理专业学科建设、师资建设，实行养老护理专业招生的优惠政策，加大对从业人员的培训力度以及培训费用补贴。政府可通过科学薪酬制度的制定，也就是将员工的薪酬水平与其服务质量直接挂钩，从而提升工作人员学习及工作的积极性与服务队伍的稳定性。另外，还可以组织志愿者参与养老服务，为志愿者提供相应的服务证明，保证志愿者的工作积极性与服务质量。

（三）创新与局限性

1. 创新之处

本文从不同收入角度测量照料模式对子女收入的影响。研究发现，整体来看，选择正式照料对工资水平有显著的正向影响。本文涉及了管理学、社会学、经济学等多学科的内容，研究结果对家庭生活水平的提高、家庭经济负担的缓解和老年人养老质量的提高都有一定的意义。

第一，针对老年人照料模式对子女影响的研究较少，本文改变了观察的角度，反过来分析照料模式的选择对子女就业的影响，丰富了研究的范畴。

第二，本文不仅讨论了照料模式的选择对子女就业的影响，还分样本进行回归分析，发现不同性别、年龄、居住地状况、受教育程度、工作状况、婚姻状况和户口类型等对收入的影响不同，这为今后深层次地研究子女的就业问题提供了更多的思路和方向。

2. 局限性

第一，照料类型划分存在一定片面性。对于照料类型，学术界没有提出明确的界定，大多数学者是根据自身文献的需要而提出相应的界定，有的学者根据老年人居住场所而把照料方式分为居家照料和机构照料，有的学者根据提供老年人照料的主体把照料方式划分为五大模式，而本研究对于照料方式的划分是以林莞娟等（2014：54–62）的界定为标准的，存在一定的片面性。

第二，研究结果可进一步探究。在本文中，照料方式对子女收入的影响在其他控制变量上未进行分组分析，使得研究结果和结论建议较为单薄，作者将在后期研究中着重进行分析，以获得更全面的分析结果。

参考文献

陈华帅、曾毅，2013，《"新农保"使谁受益：老人还是子女?》，《经济研究》第 8 期。

陈璐、范红丽、赵娜、褚兰兰，2016，《家庭老年照料对女性劳动就业的影响研究》，《经济研究》第 3 期。

陈欣欣、董晓媛，2011，《社会经济地位、性别与中国老年人的家庭照料》，《世界经济》第 6 期。

邓颖、吴先萍、李宁秀、何君、刘朝杰、张宁梅、任晓晖、刘丹萍、杨晓妍、袁建国、汪凯，2004，《不同养老模式的养老成本及成本—效用分析》，《预防医学情报杂志》第 4 期。

杜航，2018，《老龄化背景下延迟退休对我国劳动力供给市场的影响》，《改革与战略》第 1 期。

范红丽、陈璐，2015，《替代效应还是收入效应? ——家庭老年照料对女性劳动参与率的影响》，《人口与经济》第 1 期。

黄成礼，2006，《中国老年人口的健康、负担及家庭照料》，《中国卫生资源》第 5 期。

黄枫，2012，《人口老龄化视角下家庭照料与城镇女性就业关系研究》，《财经研究》第 9 期。

黄枫、傅伟，2017，《政府购买还是家庭照料? ——基于家庭照料替代效应的实证分析》，《南开经济研究》第 1 期。

蒋承、赵晓军，2009，《中国老年照料的机会成本研究》，《管理世界》第 10 期。

林莞娟、王辉、邹振鹏，2014，《中国老年护理的选择：非正式护理抑或正式护理——基于 CLHLS 和 CHARLS 数据的实证分析》，《上海财经大学学报》第 3 期。

刘柏惠，2014，《我国家庭中子女照料老人的机会成本——基于家庭动态调查数据的分析》，《人口学刊》第 5 期。

刘柏惠、寇恩惠，2015，《社会化养老趋势下社会照料与家庭照料的关系》，《人口与经济》第 1 期。

刘柏惠、俞卫、寇恩惠，2012，《老年人社会照料和医疗服务使用的不均等性分析》，《中国人口科学》第 3 期。

刘妮娜、郭月青，2016，《中国城乡老年人照料方式的变化及影响因素研究——以社会资本为视角》，《中国农业大学学报》（社会科学版）第 1 期。

陆杰华、张莉，2018，《中国老年人的照料需求模式及其影响因素研究——基于中国老年社会追踪调查数据的验证》，《人口学刊》第 2 期。

穆光宗，2019，《人口少子化挑战大于老龄化》，《群言》第 12 期。

彭青云，2017，《老年人长期照料方式选择偏好的影响因素研究——基于中国老年社会追踪调查（CLASS）数据》，《老龄科学研究》第 7 期。

王肖婧，2018，《劳动力市场的性别收入不平等及女性贫困——一个人力资本和社会资本理论的双重视角》，《财经问题研究》第 3 期。

姚远，2001，《中国家庭养老研究述评》，《人口与经济》第 1 期。

袁笛、陈滔，2019，《低收入老人长期照护需求和需求满足——基于照护资源整合的视角》，《西北人口》第 4 期。

张西飞，2000，《我国老年人口负担：一种经济学的分析》，《西北人口》第 1 期。

Becker, G. S. 1965. "A Theory of the Allocation of Time." *The Economic Journal* 75(299): 493 – 517.

Carmichael, F. , C. Hulme, S. Sheppard, and G. Connell. 2008. "Work-Life Imbalance: Informal Care and Paid Employment in the UK. " *Feminist Economics* 2: 3 – 35.

社会变迁、精准扶贫与教育观念的转变[*]

——以凉山州为例

王　洁　李　华　刘　璐[**]

摘　要：2000 年以后，凉山的教育贫困出现减缓趋势，家长教育观念出现转变，送学意愿增强。本文认为，家长教育观念的转变由内因和外因两个因素造成，教育扶贫与精准扶贫是外因，社会变迁（打工潮）是内因，而内因才是教育观念转变的关键，体现在彝区家长对优质教育资源的追求上。教育观念转变的根本原因是，2008 年之后沿海地区的"民工荒"让凉山山民得到走出大山谋生存的机会，从而融入现代化的进程，进而对城市社会阶层分化产生鲜明认知，认识到教育是实现阶层上升的唯一渠道。鉴于此，彝区家长更有动力去积极地创造物质条件让子女接受更多更好的教育，增强社会的流动性，远离父母辈生为农民和城市底层劳动力的生命轨迹。

关键词：凉山彝区　家庭教育观念　社会变迁　精准扶贫

一　问题的提出

教育的缺失是致贫的重要原因之一，受教育程度低的人难以利用市场

＊　本文系广州大学高水平大学建设专项——师资队伍建设项目工作经费（项目编号：29006032）的阶段性成果。

＊＊　王洁，广州大学公共管理学院助理教授、广州大学乡村振兴研究院研究员；李华，重庆科技学院马克思主义学院讲师；刘璐，清华大学公共管理学院、清华大学中国农村研究院助理研究员。

提供的机遇来提升收入水平和改善生活质量。教育因此被认为是切断贫困代际传递的不可替代的方法。但是在贫困地区，家庭经济困境和轻视教育的家庭社区观念都可能成为学生辍学的原因或削弱学生求学意愿。改革开放以来，中国的教育扶贫政策（包括精准扶贫）主要致力于缓解和减轻教育贫困的物质诱因，以减轻贫困家庭的教育开支为主要目标。学界主要聚焦于贫困家庭的教育经费负担与学生升学状况和升学期望之间的关联（王文，2010：37 - 40；杨瑛，2011；褚卫中、张玉慧，2012：10 - 12；蔡志良、孔令新，2014：114 - 119；邹薇、郑浩，2014：16 - 31），较少有研究关注贫困家庭教育观念的演变及其对家长教育投资行为的影响。费孝通（1993：12 - 20）认为，民族地区的扶贫关键是转变贫困群体的观念，激发他们学习知识和技术的主动性。那么，民族深度贫困地区如何摆脱落后的教育观念呢？本文以凉山彝族自治州为例来探寻家庭教育观念变化背后的因素以及这种观念变化对家长教育投资行为的影响，主要使用 2017 ~ 2018 年在凉山州西昌市和彝区老九县采集的贫困学生家庭的入户家访数据，以及 2018 年在广东东莞市对彝族工人的访谈，共计 40 例。

凉山州是中国最大彝族聚居区，全州人口 521 万，彝族人口占近 53%（凉山彝族自治州统计局综合科，2018），主要分布在彝区老九县的广大农村地区。长期以来，教育贫困是横亘在凉山与现代化之间的深堑，制约着凉山的发展。20 世纪 90 年代初的普查显示，凉山基础教育薄弱，少数民族学生占全州各级学生的比例远远低于少数民族人口占总人口的比例（吴明先，1991：24 - 27）。2000 年，文盲与半文盲在凉山贫困县的农村劳动力中占 40%，接受过小学教育的人占总人口的比例不足 20%（何荣修，2000：77 - 81）。截至 2010 年，凉山州 6 岁以上人口人均受教育年限不足 5 年（杨茂睿、吉克麟卓，2017：85 - 95），为四川省除藏族聚居区外的 5 个民族自治州县中人均受教育程度最低的 2 个州县之一。义务教育阶段学生流失的原因已有官方定论：学前普通话教育的缺失让彝族学生在小学阶段无所适从，导致他们厌学与辍学；家长和学生认为接受教育与就业关系不大，家长缺乏送学积极性；家庭困难导致学生辍学回家务农或外出务工；大龄学生因入学晚失去升学兴趣；农村中小学硬件设施差导致学生辍学。

正因如此，巩固义务教育的完成率一直是凉山教育扶贫的核心任务。精准扶贫实施以前，四川省和凉山州教育扶贫的主要目标是改善办学条件、控制学校乱收费现象以及敦促家长和监护人履行送学义务。精准扶贫实施后，中央政府加大了对民族深度贫困地区的教育扶贫资金投入，投入领域也体现更长远的扶贫战略思考，表现为"两端延伸"的战略思路。一端延伸到学前教育，实施"一村一幼"，为彝区幼儿入读普通话小学打下语言基础，建立学前教育与义务教育学段的衔接，从源头上消除辍学；另一端延伸到高中学段，在彝区推行"9+3"免费教育，以学费减免和生活费补贴等方式，吸引彝区学生入读高中，为日后升读高等院校创造机会。现在彝区已初步确立15年制义务教育体系，各级学生入读幼儿园、小学和初中基本免费，升读高中的学生每学期仅需要缴纳学费和生活费。

如今，教育贫困正在远离凉山。

图1显示，凉山州小学阶段辍学率从2007年开始呈现整体下降的趋势。2006年的辍学率低谷是得益于2005年开始实施的"两免一补"。到2016年，凉山州小学阶段辍学率已降至0.04%，低于同年的四川省小学阶段辍学率0.22%，这意味着凉山州小学阶段的教育贫困出现根本性扭转。

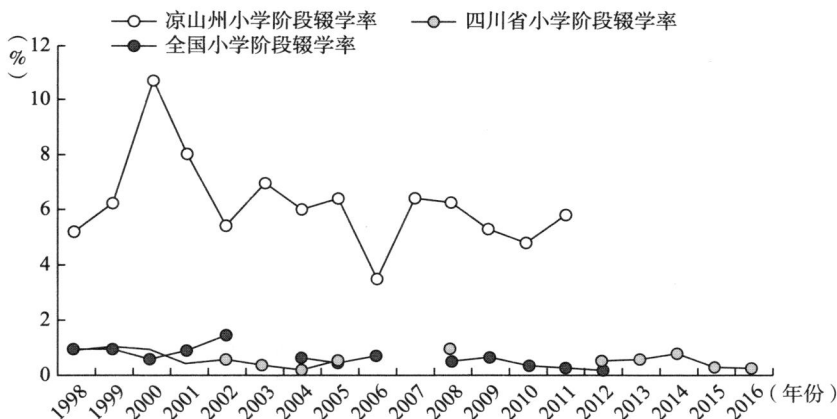

图1 1998~2016年凉山州、四川省及全国小学阶段辍学率

资料来源：1999~2012年、2014年、2015年《凉山州统计局国民经济和社会发展统计公报》，1997~2016年《四川省国民经济和社会发展统计公报》，1998~2017年《中华人民共和国国民经济和社会发展统计公报》，作者根据以上材料汇总整理。

图2显示的是1999~2017年凉山州小学阶段和初高中阶段的在校生人数。小学在校生人数在2006年出现了较大幅度的上升，印证了"两免一补"显著的落地效果。随后，小学在校生在2014年重新出现上升趋势，这是精准扶贫的立竿见影的效果。这说明，"两免一补"和精准扶贫较好

地促进了凉山小学阶段（义务教育前段）的教育减贫。图 2 还显示，普通初高中在校生数从 2008 年开始整体呈平缓上升趋势，这个趋势一直持续到现阶段的精准扶贫。这说明，初高中学段的教育减贫早于精准扶贫。相较于小学教育，初高中教育对农户收入有更高的要求。高中学费、初高中生活费和学生回家路费、外县学生择校费等教育费用，加总起来对贫困家庭来说是一笔不小的开支。只有在农户收入明显改善的情况之下，他们才有经济能力和意愿让子女完成中后期的义务教育。本文的观点是：2008 年前后导致凉山农户收入增多的主要因素是打工潮的兴起，大量彝区农民离乡离土前往经济发达地区务工，进入劳动密集型产业。这次前所未有的社会变迁促使家长认可现代教育的重要性，进而改变了家长的教育投资行为。

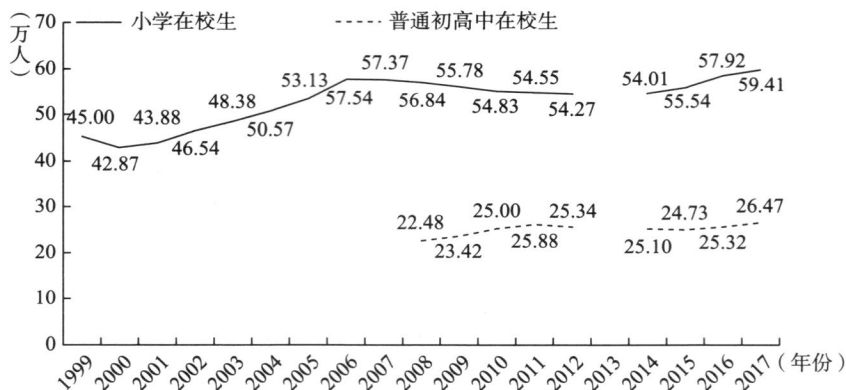

图 2　1999～2017 年凉山州小学阶段与初高中阶段在校生人数

注："普通初高中"指普通初中和普通高中，不含中专、职高、技工学校。

资料来源：1999～2012 年、2014～2018 年《凉山州统计局国民经济和社会发展统计公报》，由作者汇总整理。

二　凉山彝区的社会变迁：打工潮与迟发的现代化

中国内地农村的脱贫始于 1978 年的农村体制改革：家庭联产承包责任制提高农业生产率，促使农村释放出大量剩余劳动力。农村劳动力的释放与外资的涌入在这个时间节点上巧妙契合，造就了东南沿海地区的经济腾飞。这些地区的劳动密集型产业从邻近的内陆省份吸纳了大量农村劳动力

(Lee，1998，2007)，形成了我们所熟知的民工潮。沿海工业化实现了农民与乡土社会的"解绑"，农民真正得以离土、离乡，进而开启中国工业化进程（刘守英、王一鸽，2018：128-146）。农户家庭收入也越来越依赖家庭成员在城市的务工经商收入（贺雪峰，2018）。直到2008年金融危机才给这次史无前例的城乡和地区人口流动带来一个转折点。金融危机导致东南沿海制造业基地如珠三角出现大规模停工倒闭，大量民工返乡，大量的普工岗位被释放出来，"民工荒"逐渐显现。2006年，农业税的取消和内地省份发展政策的转变也使得"民工荒"成为一个新常态。随着中部和东部地区乡政府的中心工作转变为招商引资，农民对就近就业和乡镇政府招商引资的分红收益的期待超过了务工，外出务工的意愿明显减弱（Chen，2014）。

　　凉山的现代化相较于内地是迟发的。聚居在农村地区的彝族人群很难获得非农就业机会，长期受到低就业率的困扰，家庭收入提升空间有限、生活质量改善缓慢（钟林栩，2013：27-28）。凉山本地的第一、第二产业又受到1998年后国家环保政策（退耕还林、天然林保护工程、禁止矿业污染）的限制得不到充分发展，难以解决农村剩余劳动力的就业问题。彝族青年虽然自20世纪90年代就大批走向城市，但他们早期的闯荡几乎以失败而告终（刘绍华，2013）。这些青年在城市中就业的机会微乎其微，不仅在于自身的普通话和文化水平的欠缺，还因为当时雇主在劳动力相对充足的情况下更倾向于雇用语言和文化背景相同的内地工人（付佳杰，2014：38-46）。金融危机为凉山山民再次走入城市创造了机会。"民工荒"之下，世界工厂对廉价劳动力的需求持续地进行地理扩张，最终延伸到西南少数民族聚居区（韩波，2011：18-19）。西南地区的山民们以其低廉的工价和吃苦耐劳的精神得以成为世界工厂的新成员。有学者估算，仅珠三角的彝族工人高峰期时就达到10万人，他们主要聚集在东莞，从事生产线上的普工工作（刘东旭，2012：24-30）。表1显示了2008~2015年凉山州劳务输出人数及其年增长率与农民人均年纯收入及其年增长率的对比分析。2008~2015年，凉山农村劳动力输出人数骤升至近119万人，农村人均年纯收入随之猛增，2015年达到9422元，为2007年的2.95倍。劳务输出人数增长率与农民人均年纯收入增长率几乎是1：1同步波动的，表明凉山农村家庭的增收依赖家庭成员的务工收入。

表 1   2008～2015 年凉山州劳务输出人数及其增长率、农民人均年纯收入及其增长率

年份	劳务输出人数（万人）	劳务输出人数增长率（%）	人均年纯收入（元）	人均年纯收入增长率（%）
2008	40.16	—	3653	15%
2009	42.67	6%	3960	8%
2010	54.62	28%	4565	15%
2011	65.85	21%	5538	21%
2012	81.46	24%	6419	16%
2013	88.37	8%	—	
2014	101.79	15%	8264	—
2015	118.60	17%	9422	14%

资料来源：2009～2012 年、2014 年、2015 年《凉山州统计局国民经济和社会发展统计公报》。其中，劳务输出人数增长率和农村人均年纯收入增长率为笔者依据官方统计数据计算而得。

三 思维的转变：社会变迁中凉山彝区的教育观念

Inkeles 和 Smith（1999）对人的现代化进行过深入的探讨，认为国民的现代化是一个国家或地区现代化的先决条件。现代工业社会需要适应"工业秩序"的现代人，要求现代人拥有异于传统社会居民的价值观、态度、生活方式和行为，如服从固定的程序、遵守抽象的规则、基于客观依据做出判断，并遵循"权威的指引"（特别是技术权威）。具体来说，工业秩序对人有"现代要求"。它要求人们具有个体流动性（包括职业流动性和地理流动性），能适应生活工作模式的变化。他们还认为，人的现代化是现代人通过生活经验而习得的，特别是在复杂、理性、技术化甚至是官僚式组织里就业将改变人们的态度、价值观和行为。

（一）外出务工对观念的塑造

凉山人的观念现代化比 Inkeles 和 Smith（1999）的描述更曲折、更具丰富内涵。作为较迟进入工业化的群体，他们在接受"工业秩序"的同时，也对之有批判性的认知。这种认知促使他们认可教育是有效的社会阶层上升的替代路径，因此越发趋向认可现代教育的价值。山民们的观念变化分为两个层次：第一个层次是家长们走出大山进入城市，发现自己是处于城

市职业分工与社会阶层的底层，生成了对城市阶层分化的认知，进而认识到这种身份是自己的较低的受教育水平所导致的；第二个层次是家长们深知在自己的代际内难以实现社会阶层的上升，因此寄希望于下一代，希望通过提升对子女教育投资的数量和质量，使子女的未来人生轨迹远离家长现有的人生轨迹，让子代实现阶层上升。

凉山州输出的是原始劳动力，外出务工人员受教育程度低、缺乏技术，一般只能从事"危、重、险、脏"的工作（余天威，2012：36），大多只能成为建筑工人与制造业流水线上的普工。这样的底层就业固然增加了凉山山民的收入，但也时时提醒他们，他们在社会阶层分化中处于不利地位这一残酷的现实。家长们对务工充满复杂且矛盾的情绪：家庭生计的改善依赖打工，但这样艰辛流离的生活带来的不仅是身体上的劳累还有心理上的冲击。

打工潮引起了一些学者的忧虑：在大量非农就业机会存在的情况下，教育的长期投入（短期无效益）和务工产生的即时经济效益相形见绌。以往的研究显示，教育投资于贫困家庭而言是一种风险（邹薇、郑浩，2014：16 - 31）。这些贫困家庭为分散风险会让子女务工或者留在家中务农（Skoufias，1995；杨瑛，2011；Rehamo and Harrell，2013）。作者在 2017～2018 年的田野调查中有一些比较积极的新发现：学龄阶段青少年辍学或退学务工的现象在凉山仍然存在，但正在出现逐步消退的迹象，务工的青少年在接触市场之后往往会后悔自己的选择。2018 年初，作者在东莞工厂对一组彝族务工女性拉尾和小木进行了访谈，以了解她们外出务工的动机和对未来生活的期许。两位女性中，较年长的受访者叫拉尾（"尾"是彝族女性常见的名字后缀），20 岁出头，14 岁时来东莞打工，已有 6 年工龄。拉尾当初因为家境困难（单亲家庭，有母亲和 5 个姐妹），不愿意自己读书给家里新增经济负担，就放弃了读小学的机会。较为年轻的受访者是 17 岁的小木，刚从高一退学来东莞打工。小木虽然顺利考上高中，但最终因学费压力选择退学，因为担心将来高考失利浪费家庭的教育投资，于是她不顾家人反对偷偷跑来东莞打工。作为普工，这两位女性学会了插集成电路板和检查货品质量，她们对目前务工的收入表示满意。但当作者询问起工厂生活的未来时，她们的评价却是负面的。她们从打工中悟出一个"道理"：工厂无法满足个人发展需求。拉尾认为打工只是一种"赚钱"行为，学到的只是一些流水线技能。这些工业技能于家庭和未来生活都不适用。但是，工厂生活启发了她对职业与教育之间关联性的反思。两位女性当初失学的主要原因是家庭经济困难，其次她们也认为打工是解决家庭贫困的一种稳妥方法。现在，她们认识到当初的选择是短视的。拉尾来到东莞方知现代教育的重要性，比如现在工厂急需的文员要求应聘者会使用电脑，这样看似简单的岗位要求对她这样的文盲女性来说是不可及的。她的文化水平成为职业流动的桎梏，能做的只有流水线上的体力活。最后，当作者询问"对自己的弟妹和未来子女的期待"时，这两位女性给了一样的答复，她们在打工中都深刻认识到了教育的重要性，因此以后不论经济条件有多差，都要保证家中年幼的弟妹和未来的子女优先完成学业。

（二） 凉山腹地的社会变迁对教育观念的塑造

凉山腹地的劳动力除了往沿海和内地迁徙，也向城镇迁徙。经济"拉力"和教育"拉力"齐头并进，促使大量彝区家庭向县城和州府迁移。现在在山区务农已难以满足农户生活和子女教育的开支，大量山区家庭迁往县城和州府寻求非农就业机会。另外，撤点并校之后，凉山教育资源向县城和州府聚集，乡村和县一级学校已无法满足家长和学生的需求。为了适应市场经济，彝区家长要想子女不输在起跑线上，就必须把他们送进县城和州府的学校。在对西昌市的 13 名贫困学生家访时，作者发现接近半数的受访家庭是从山区县搬到州府的。彝族家长在城里干的多是非正式的零杂活，但收入远高于务农，这让他们有经济能力支持全家的生计和子女的就学。

教育资源的城镇聚集效应让家长和学生向城镇聚集，直接的后果是彝区社会中的"教育鄙视链"的产生。农村居民向往乡镇学校，乡镇居民向往州府学校；农村居民和乡镇居民大都渴望子女进入上一级的学校，同时鄙视自己户口所在地的乡村学校。这条"教育鄙视链"是彝区教育移民的内在驱动力：逃离基层学校如同逃离一个困守山村、固化于底层的可怕未来，进入上一级的学校如同开启了阶层上升的窗口。农村小学曾是凉山义务教育的基石，但现在已经成为家长和学生争相远离的对象。他们普遍认为小学教育以乡、镇、县学校为首选，初高中教育以县和州府学校为优选，升学压力要求学生不断往上一级行政区划的学校晋升。一个孩子如果长期在乡镇一级的基层学校就读（县一级高中也质量堪忧），他/她最终完不成义务教育的可能性就非常高了，甚至不如早点出来打工。乡村教育的衰败迫使彝区学生早早离乡离土、舍近求远上学。彝区学生一般在乡村小学就读 3 年（或更短）之后便会被送到上一级学校（镇小学、州府的乡村和市区小学）去重读 6 年小学，因此他们一般至少需要 9 年来完成小学。那些最终能考入西昌市高中的学生，一般都是自小学就离开家乡和亲人，进入寄宿生活，开启他们漫长的义务教育求学生涯的。

视野的开拓、家庭收入的增加、城乡对比以及在务工过程中对职业分工和阶层分化更加敏锐的感知、对社会上升的渴望都在重塑凉山家长对现代社会的理解，激励他们通过追加教育投资，来增加下一代人实现阶层上升的机会。彝区家长对教育移民的追求体现出他们的教育观念有了显著的积极变化，这是一种成人观念的变化与重塑，被 Inkeles 和 Smith（1999）称为"现代人"的一个标志性特征。追根溯源，这种观念的变化是市场经济在凉山地区渗透产生的一种现代化效应，这只"无形之手"与国家的教育扶贫和精准扶贫相辅相成，积极推进凉山人观念层面的减贫。

四　研究结论与建议

改革开放以来，中央政府和地方各级政府一直在致力于减轻教育贫困，特别是改善民族地区的教育条件。教育扶贫政策的推行和精准教育扶贫政策的实施有效地减轻了民族地区的教育贫困。在凉山州，2006 年和 2014 年小学在校生人数的增长可被视为教育扶贫政策落地的直接效果的体现。但本文认为，凉山教育贫困的改善有一个深层次的结构性因素，就是 2008 年金融危机之后的打工潮正在改变彝区家长的教育观念，进而激励家长在数量和质量上增加对子女的教育投资。

社会变迁是促进这种观念变化的内因。大量山民离乡离土前往内地和沿海地区务工，加入产业工人的队伍。凉山腹地的居民也为追求更多的非农就业机会和城镇地区较好的教育资源而向城镇聚集，他们成为教育移民的主力，甚至留守山区的家长也不惜耗费微薄的收入以求子女进入好一些的学校。本文认为，社会变迁与人口迁徙给山民们带来的观念冲击更甚于其经济收益。在城市务工的山民们首先发现自身其实是处在社会分工的底层，这样的职业阶层身份是与自身的受教育程度密切相关的。他们接着认识到这种现状是仅依靠打工无法改变的，改变家庭社会地位的希望只能寄托在受到良好教育的下一代身上。观念的变化和传播促使现在彝区的家长积极投资子女教育，为子代在社会阶层上升的阶梯上争取一席之地或一个机会。作者接触的案例显示，家长们越来越重视教育质量，选择教育移民和私立学校也开始变为普遍现象。一位受访的彝族家长非常精辟生动地向笔者总结了打工潮之后凉山人教育观念的本质变化："以前的父母宁愿让孩子做农活或喂猪放羊也不让孩子去上学。现在家长发现种几亩田根本挣不了多少钱，不读书的人出去打工也发现自己字不识、坐火车认不出标识甚至连厕所都找不到。再看看受过教育的人，他们有稳定的工作和收入，一对比就发现差距了。"

从地区均衡发展角度来看，后经济危机时代的"民工荒"带给以凉山彝族为代表的中国西南边缘人群一个前所未有的机遇，这是他们第一次全面系统地被现代工业体系所吸纳，加速了西南民族地区的城镇化和人的现代化进程。彝区家长教育观念的新气象是基本符合 Inkeles 和 Smith（1999）的"人的现代化"的论断的，即"工业秩序"改变了传统的人的思维方式，使他们拥有与现代工业社会相符的态度、价值观和行为。同时，我们必须看到凉山彝区的社会变迁也具有其独特之处。现代观念的形成与传播不仅来自工厂经验，还来自家长们对自己城市经历的反思，这种反思触及深层次的社会阶层分化与社会流动，使得打工的含义超越其经济内容本身。山民们从相对均质化的村庄来到阶层分化的城市，在好奇与欣喜之余发现自己处在城市职业分工与社会阶层的最底层，不免会产生遗憾与失望。他们失落是因为深知底层的身份在自己这一代际内是无法消除的。与第一代农民工一样，他们为城市贡献廉价劳动力，最终仍是无法定居和融入城市的，年老体弱之后只能回到大凉山。但是这一次，他们希望下一代的人生轨迹能更加丰满，能有更好的准备来应对竞争日益激烈的现代社会和市场经济的挑战。所以，家长们努力打工挣钱来支持子代教育，让子代有实现阶层上升的希望，这样子代无论在故乡还是将来再次走出大山后都有不同于父母辈的人生。

随着精准扶贫的不断深入，民族深度贫困地区的教育贫困的本质也在发生变化。从凉山案例可知，小学阶段教育贫困已得到扭转，这得益于农户经济状况的改善与扶贫政策的落地。初高中阶段的教育贫困虽有改善，但与中国其他地区相比存在很大差距。最新的数据显示，凉山的小学在校生人数和初高中在校生人数仍存在很大的差距，这说明从义务教育前段进入义务教育中后段的学生存在大比例的流失。这些流失的学生很可能进入打工者的队伍。在家长的观念已经出现明显转变的情况下，如何激励学生自身坚持完成义务教育已成为一个重要的议题。因此在未来，精准扶贫需要瞄准的对象就是缺乏进入义务教育中后段意愿的学生。作者因此有四点建议：第一，精准扶贫应向义务教育中后段进行经费倾斜，继续减轻彝区家庭送学的经济压力以及由此导致的学生精神负担；第二，对进入义务教育中后段的学生提供教育补贴金，鼓励他们继续读初高中，以完成 9 年或 12 年义务教育；第三，改善现有县级初高中的办学条件，提升县级学校硬件与师资水平，吸引更多的彝区学生在离家较近的地区完成义务教育，不至于在无法晋升上一级学校的情况下无奈选择务工；第四，鼓励社会资本兴办初高中，让彝区家庭和学生拥有更为多元化和优质的教育投资的选择。

参考文献

蔡志良、孔令新，2014，《撤点并校运动背景下乡村教育的困境与出路》，《清华大学教育研究》第 2 期。

褚卫中、张玉慧，2012，《农村义务教育"撤点并校"负面影响分析》，《教学与管理》第 7 期。

费孝通，1993，《边区民族社会经济发展思考》，《北京大学学报》（哲学社会科学版）第 1 期。

付佳杰，2014，《少数民族怨气的经济根源——以四川凉山地区为例》，《文化纵横》第 3 期。

韩波，2011，《领工制：珠三角彝族劳工的生境和组织》，硕士学位论文，中央民族大学。

何荣修，2000，《凉山州的贫困与反贫困》，《天府新论》第 S1 期。

贺雪峰，2017，《最后一公里村庄：新乡土中国的区域观察》，中信出版社。

李钰，2003，《我国流动儿童少年入学难成因探究——由公办学校"借读费"引发的思考》，《基础教育研究》第 3 期。

凉山彝族自治州统计局综合科，2018，《凉山州统计局 2017 年国民经济和社会发展统计公报》。

刘东旭，2012，《中间人——东莞彝族工头及其社会功能》，《云南民族大学学报》（哲学社会科学版）第 6 期。

刘绍华，2013，《我的凉山兄弟：毒品、艾滋与流动青年》，群学出版社。

刘守英、王一鸽，2018，《从乡土中国到城乡中国——中国转型的乡村变迁视角》，《管理世界》第 10 期。

刘尧、姜峰，1998，《中国西部基础教育发展观》，《教育理论与实践》第 5 期。

万明钢，2009，《以促进教育公平和教育均衡发展的名义——我国农村"撤点并校"带来的隐忧》，《教育科学研究》第 10 期。

王定华，2012，《关于我国农村义务教育学校布局调整的调查与思考》，《华中师范大学学报》（人文社会科学版）第 6 期。

王文，2010，《免费义务教育政策在农村遇到的困境与出路——以西部农村某少数民族地区为例》，《北京教育学院学报》第 1 期。

吴明先，1991，《试论凉山民族教育改革和发展的思路》，《民族教育研究》第 4 期。

杨茂睿、吉克麟卓，2017，《四川省民族自治地方的教育与经济发展——兼论民族地区的人才引进》，《民族学刊》第 2 期。

杨瑛，2011，《凉山彝族孤儿失学现象成因研究——以凉山州美姑县彝族孤儿为例》，硕士学位论文，西南大学。

余天威，2012，《凉山州劳务派遣公司的现状与发展研究》，硕士学位论文，四川师范大学。

钟林栩，2013，《凉山彝族就业现状调查研究》，硕士学位论文，青海师范大学。

邹薇、郑浩，2014，《贫困家庭的孩子为什么不读书：风险、人力资本代际传递和贫困陷阱》，《经济学动态》第 6 期。

Chen, A. 2014. "How Has the Abolition of Agricultural Taxes Transformed Village Governance in China? Evidence from Agricultural Regions." *The China Quarterly* 219: 715 – 735.

Inkeles, A. , and D. H. Smith. 1999. *Becoming Modern: Individual Change in Six Developing Countries* Cambridge: Harvard University Press.

Lee, C. K. 1998. *Gender and the South China Miracle: Two Worlds of Factory Women.* Berkeley, Los Angeles and London: University of California Press.

Lee, C. K. 2007. *Against the Law: Labor Protests in China's Rustbelt and Sunbelt.* California: University of California Press.

Rehamo, A. , and S. Harrell. 2013. "Education or Migrant Labor: A New Dilemma in China's Borderlands." *The Asia-Pacific Journal: Japan Focus* 11(20): 1 – 13.

Skoufias, E. 1995. "Household Resources, Transaction Costs, and Adjustment Through Land Tenancy." *Land Economics* 71(1): 42 – 56.

吸纳式治理：城市基层治理创新的样本研究

——基于杭州 H 工作室的案例观察

曾智洪　陈煜超　游　晨[*]

摘　要：由于经济社会的加速转轨，利益格局极度分化、基层社会权力悬浮、群体事件高发等问题，质疑并考验着基层政府的治理能力。社会资源占有的多元化、价值取向的多样性以及维护公共秩序的自发性等因素，倒逼基层政府治理的转型和变革。杭州 H 工作室作为城市基层组织吸纳式治理的实践典范，是对这些质疑和转型变革的有效回应。吸纳式治理以民情信息为核心驱动，以"吸纳—整合—协同"为运作机理，通过制度化吸纳包容多元主体、体系化整合重构组织资源、组织化协同治理公共事务，依托场景、组织、技术路径，构建纵向权力与横向网络的交错型治理结构，形成上下关切、左右协调、紧密相连的有机体，从而有效实现民主促民生的价值追求和国家与社会的良性互动。

关键词：吸纳式治理　城市基层组织　民主促民生　民情信息

一　问题的提出

新中国成立至改革开放前，城市的基层组织治理机制主要分为两种，

---

[*]　曾智洪，杭州师范大学公共管理学院副教授、浙江大学公共管理学院博士后；陈煜超，杭州师范大学公共管理学院硕士研究生；游晨，浙江大学公共管理学院博士研究生。

一种是依托单位制形成的"国家—单位—个人"治理机制，另一种是依托街居制形成的"国家—街居—个人"治理机制，其中前者为核心，后者是辅助。改革开放后，随着单位制的退化，以单位为主体的社会治理机制逐渐衰落，基层街居组织开始成为国家与城市社会互动关系中的基本场域，承担起主要的社会管理和公共服务职能。基层治理具有体量大、领域宽、事务杂等特征，直接面对广大人民群众，在整个国家治理体系中承接着国家与社会的关系。但囿于对全能主义时期的行政路径依赖，基层自组织力量薄弱且作用有限，"自上而下"的压力型体制依旧是国家治理的主要方式。随着自媒体和大数据时代的到来，国家治理的时空境遇和历史场景都发生了深刻变革，社会资源重新配置，政治生态错综复杂，基层政府治理也面临前所未有的制度危机和社会危机。一方面，以政治行政强制力为依托的基层治理，治理手段单一、治理效率低下、治理领域真空面大，很难应对贫富两极分化、基层权力悬浮、社会矛盾突出等治理困境。另一方面，随着第三部门、民间组织、志愿者协会等基层自组织的迅速发展，加之民众的政治参与意识和参政议政能力显著增强，现有街居治理难以满足群众日益多元化的政治诉求。为此，全国各地都开始探索基层治理的体制机制创新，以解决复杂的社会问题和回应多元的民众需求。

二　文献回顾与理论分析框架

改革开放后的社会变迁引发诸多问题，但总体而言未向大规模、组织化的集体行动演变。目前，吸纳作为中国整体稳定、社会矛盾冲突缓解的有效解释之一，备受学界关注。国内关于"吸纳"概念的研究源于金耀基（1997）分析香港回归前的政治，他指出行政吸纳是以政府为主导，将精英集团吸收进入行政决策结构中的过程。有的学者更侧重于将"行政吸纳"视作通过行政渠道汇聚社会各种利益表达和利益需求，在行政范围内共同参与政治决策的过程（黄卫平、陈文，2006：46－51；储建国，2010：5－12）。对于"政治吸纳"，郎友兴（2009：108－115）在调查浙江先富群体后，认为其是政治体系对新兴利益群体的权利诉求与政治参与的纳入和整合过程。肖存良（2014：72－79）指出，政治吸纳是一个以政治体系为主体，采用制度安排的方式，以自上而下的国家意志行为进行制度化吸纳的过程，并提出政治吸纳机制主要有政党吸纳、人大和政协吸纳以及政治体制内的社会组织吸纳三种。张艳娥（2016：5－10）则认为政党系统从意识形态、精英吸纳、决策咨询吸纳三个方面构建吸纳机制；同时吸纳有主体和客体之分，大多数研究将广义的国家视为吸纳的主体，如政府、人大、政协、政党及其群团组织，客体则为各种社会力量（包含公民和社会组织）。陶建钟（2013：57－66）认为其是国家权威吸收引导社会力量进入公共权力系统，利用协商等政治过程，实现共享与承担政治权力及其责任的过程。在研究吸纳的方式中，既有采用案例分析的，也有利用宏大的逻辑演绎，以分析吸纳的内在机理、外部环境，并延伸出行政吸纳社会、行政吸纳服务、政府吸纳社会、行政吸纳市场、体制吸纳等有关吸纳范畴命题的。随着治理理论的引入与发展，吸纳逐渐与治理相结合，并被视为有效的治理方式或手段。关于吸纳的作用，微观上，张永宏和李静君（2012：5－25）提出基层运用物质上的让步、程序同意、道德领导的方式来吸纳民众的抗争，以达到社会稳定。宏观上，强世功（2007：3－11）认为吸纳一方面可以整合社会精英，另一方面可以增强政治合法性。赵鼎新（2012）认为国家将社会矛盾和冲突吸纳进入制度化轨道，有利于"提高执政能力"。类似吸纳式治理的讨论在逐渐增多，杨宝（2014：201－209）从政社互动的角度提出"治理式吸纳"、林闽钢（2014：23－28）以江苏太仓和浙江枫桥为个案探讨"行政吸纳治理"、蒋源（2016：107－115）根据基层党组织的社会治理概括出"吸纳式服务"。

虽然关于吸纳的研究成果颇丰，但多限于广义的"国家—社会"互动关系层面，且研究的吸纳主体多为广义的国家，从基层治理维度进行吸纳相关研究的文献还鲜有。在中国的治理情景中，"行政体系理性化"与基层治理灵活性之间存在张力，而基层社会的复杂性对"一统性政策"强大的消解力，促使基层政府在"地方性规范"与"多元化诉求"间表现出对上、对下的"策略主义"，国家公共资源在城市基层治理中难免出现损耗。鉴于此，本研究以城市基层组织的吸纳式治理实践为切入点，采用"政府—街居组织—社会"的分析框架，将街居中的吸纳式组织典范杭州湖滨街道H工作室作为观察对象，结合田野调查法和文本分析法，探讨其"吸纳—整合—协同"的运作机制，以实现国家与基层社会的有效对接与良性互动。文章简要介绍了H工作室的基本情况，它作为基层吸纳式治理的实践典范，是国家既有常态化、制度化运作的一种非正式补充，是唤醒基层内生动力、强化街居公共参与的有效路径。H工作室吸纳式治理以民情信息为核心驱

141

动，通过组织再造提高民情信息的吸纳效率，加强吸纳治理的过程管理，联动多元主体参与街居事务，以打破基层社会对行政资源的过度依赖和碎片化治理平台的信息壁垒，实现街居组织的资源整合与高效运转。H 工作室的吸纳式治理模式，对于有效解决城市街居复杂问题和重塑基层社会秩序是一剂良方，因此，探析其持续性与扩散性，对就地解决城市街居难题具有广泛的现实意义。

三 基层组织吸纳式治理的实践典范：基于杭州 H 工作室的调查

H 工作室位于浙江省杭州市上城区湖滨街道。街道辖区面积约 1.6 平方千米，下设涌金门、青年路、东平巷、岳王路、吴山路、东坡路 6 个社区，且邻近西湖景区，人口密度大，户籍人口中老年人居多。街道区域内省市行政事业单位、大型商场、医院、星级酒店、商务楼宇聚集。辖区有居民12778 户，户籍人口 32635 人，企业 4378 家，行政事业单位 269 个，个体户2610 户。地方财政收入 8.82 亿元，实现社会消费品零售额 80.42 亿元（数据来源于《上城区 2018 年统计年鉴》）。H 工作室于 2009 年成立，以湖滨街道 "红色港湾" 为活动场所，建立 "1 + 6" 民意汇集平台，即街道层面建立 "民情气象台"，下辖 6 个社区建立 "民情气象站"，并建立民情观察员和民情预报员两支队伍收集民情民意。

（一）发展溯源：从碎片化基层治理平台到交错型社会治理枢纽

作为杭州市老城区、中心区域之一，湖滨街道面临城市建设、利益重配、经济发展、治安管理等多方位的基层治理挑战，"庭院改造""改厕风波" 等事件就曾引发基层矛盾。辖区居民采用上访堵路、集体请愿等 "抗争性" 手段表达其利益诉求，并通过网络自媒体等渠道拓展事态影响面，进而提高其谈判议价能力，这些公共事件倒逼政府改革行政效能。为此，湖滨街道以具体问题为导向，联合政府相关职能部门，鼓励企业、非营利组织和公众等社会力量参与公共事务的治理，通过创建解决问题的基层治理平台探索社会矛盾冲突的自我调节路径。这些复杂化、分散式的新型平台，在治理社会问题方面虽已取得一定成效，但它们多由政府部门为回应迫在眉睫的社会问题相机而建，大多只提供 "工具化" 的点对点服务，受科层制职能化分工的影响，彼此相对独立且互动有限，衔接困难，协调成本较高。相较体制内行政组织而言，体制外社会组织虽形式多样，却因其缺乏权威性和强制性对公共决策的影响甚微。鉴于复杂性、跨域性的社会问题频发，旧有的碎片化基层治理平台相对滞后，湖滨街道重新整合这些平台，构建起以 H 工作室为典型的复合交错型社会组织载体，一方面依托纵向国家科层组织自上而下的政治权威和关系网络，另一方面充分利用其贴近民众、熟悉基层的横向联结优势，既具备组织化标准化的民情信息生产条件，又富有更亲民更灵活的民意吸纳基础。H 工作室由此演化成为国家与社会良性互动的交错型枢纽，在互动中构建出制度化的基层吸纳式治理机制（见图 1）。

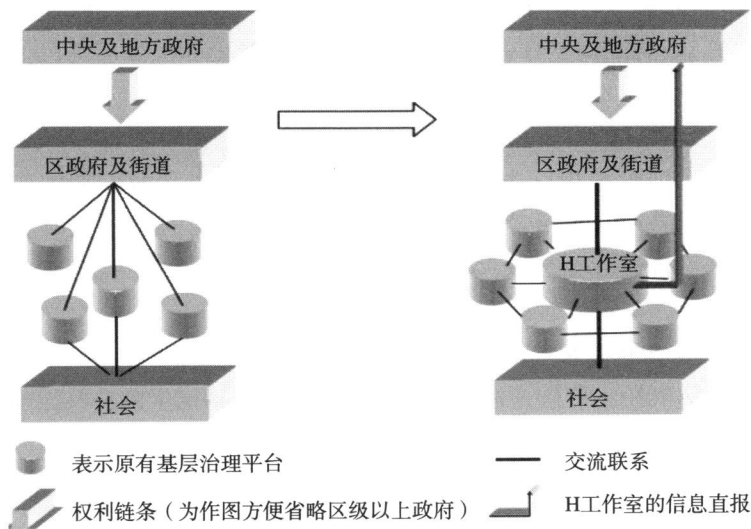

图 1　H 工作室的吸纳式治理格局转变示意

（二）吸纳实践：以民情信息为核心驱动基层善治

H 工作室以民情信息为核心，通过组织再造增强其对民情信息的吸纳能力；以民情信息为载体，在湖滨街道公共政策的制定、执行、反馈等环节充分体现吸纳民意、开启民智、汇集民力的民本原则；以民情信息为桥梁纽带，联动多元主体参与公共事务治理，达成矛盾联调、问题联治的治理目标。

1. 以组织再造为重要手段，提高民情信息的吸纳效率

H 工作室技术革新的现代化、吸纳程序的规范化和高效运转的组织化，

已经形成独特的"1624"模式，即在街道层面建立"民情气象台"，在管辖的 6 个社区设立"民情气象站"，建立民情预报员和民情观察员 2 支队伍，实行"民情气象一天一报""民生焦点一周一报""民生时政一月一报""民生品质一年一报"的四报机制，全面提高 H 工作室对民情信息的吸纳效率。H 工作室建成以民情气象台（站）为主要平台的基本组织架构，为吸纳民情信息提供了正式的组织载体。整合"两代表一委员"、热心志愿者等力量，建立民情观察员与民情预报员队伍（其中，民情观察员 55 人，主要由老干部、老党员、"两代表一委员"、社区工作者、居民骨干、入党积极分子以及大学生组成，负责收集民情、服务群众、答疑解惑等；民情预报员 12 人，由专家学者及政府相关部门领导担任，负责听取意见、反映民情、为民解忧等）。H 工作室打破传统科层组织的职能化分工，围绕民情信息的采集与集成进行组织流程再造，重构"信息收集、分析研判、报送处理、跟踪反馈、效果评估"五阶段组织工作流程，建立民情数据库以备后续循环使用。以时间管理为行为导向，建立每日、每周、每月、每年的定时工作报送机制，采用专报形式向上级政府反映民情，同时利用纸质媒介和自媒体等多种平台向社会公众共享民情信息，形成吸纳、互动、反馈的信息流动环。

2. 以民情信息为基本依托，加强吸纳治理的过程管理

H 工作室依托民情信息相机选择相对急迫、关乎民生的公共性问题，并及时将这些亟须解决的公共性问题转化为公共政策的重要议题，将有价值的民情信息吸纳进入公共政策的制定、执行、反馈、评估全过程。H 工作室利用民情信息数据库资源辨识辖区内潜在的公共问题和社会冲突，延伸识别问题的深度和广度，结合历史数据分析其发展趋势或关联程度，以提升社区公共政策对社会动态的敏锐度和回应度。在公共政策制定阶段，及时吸纳居民建议并提出有针对性的解决方案与政策规划，提高政策输出的合法性。在公共政策执行阶段，根据吸纳民情信息推动政策目标分解、资源配置、人员安排等具体环节的落实，增强政策执行的合理性。在公共政策效果评估阶段，依据民情信息的反馈进行适时调整和优化，使新方案成为化解潜在冲突的减压阀和缓冲器。"百味食堂"就是 H 工作室依托民情信息加强吸纳治理过程管理的典型。依据湖滨街道老龄化特征，H 工作室主动开展"为老服务"专题的民意收集，发现当地空巢、孤寡老人普遍存在膳食自给困难问题，H 工作室汇总以往民情信息形成专报及时向街道及区职能部

门反映。街道获批依托湖滨养老院建立"百味食堂"，为老人提供廉价膳食和送餐服务。在与民众互动沟通中推动"膳食价格调整""送餐员兼任老人探访员"等政策优化，以问卷、访谈等形式征集老人的意见呈报街道，再由街道对食堂反馈结果。这种以民情信息为依托的过程管理，深得辖区居民的认同和赞许，强化了基层吸纳式组织简约治理的合法性。

3. 以民情信息为互动媒介，联动多元主体参与街居治理

H工作室是解构地方性问题治理传统范式的有益尝试。它以民情信息为互动媒介，联动社会成员参与公共事务治理过程，为地方性问题提供就地化解的有效途径。H工作室借助民情信息的流通，整合基层的物质资源（场所场地、设备设施等）、组织资源（党政组织、企事业单位、社会团体、社会组织等）和人力资源（"两代表一委员"、热心志愿者、社会精英等），为治理地方性问题奠定信息基础。通过共享民情信息，构筑基本信任基础，依托党政力量的政策倾斜、知识界的智力支持、媒体界的传播沟通等，打破传统组织边界及分工，联动党政、专家、媒体、民众等多元力量，协同参与治理社会公共事务。湖滨街道解放路213号"一户一表"改造久拖不决，住户与杭州市水务集团在成本分摊、设备安装等具体问题上始终无法达成共识，居民多次上访期盼政府强制解决，但按信访程序又转交街道，在实践中形成了基层治理的死循环。H工作室就此召开居民意见征询会，邀请杭州市水务集团、湖滨街道相关负责人等参与"四方协调会"，通过民情信息的共享联结，凝聚多方意见共识，在持续接触、沟通和谈判协商的基础上，达成各方都基本满意的改造方案。

（三）运作机理："吸纳—整合—协同"的基层治理实践

不同的利益群体从各自利益和目标出发，按照特定规则影响治理态势，使基层组织成为利益的"角斗场"，从而使国家与社会的边界在基层更趋于模糊且双向互动频繁。吸纳式治理是街居组织以制度化吸纳多元主体，将利益各方纳入程序化博弈轨道，以民情信息为枢纽整合街居组织和资源，以国家力量为支撑协同化联动利益相关者参与公共事务治理，能有效避免集体行动困境，并逐步形成以"吸纳—整合—协同"为运行机理的街居治理实践。

1. 制度化吸纳包容多元主体

H工作室借助国家的行政力量进行制度化吸纳（制度化吸纳特指以一

种稳定的、信赖的组织或程序将社会变迁中的新兴力量纳入既有制度的过程）（郎友兴、谢安民，2017：40－50），通过提供程序化参与渠道，引导基层治理中的体制外或新兴群体有序参与。其一，建立健全内部配套机制，如民情预报员与民情观察员机制等，使各个机制相互嵌套，以保障 H 工作室的常态化运作。其二，组织化整合民意。由民情观察员梳理归总民意，将分散的碎片化民意通过 H 工作室进行组织化表达，尽可能达成多方利益的最大共识。其三，创新吸纳管理机制，提供正式制度预期。H 工作室在实践中持续推进原有议事协商流程和管理规则的完善，动态调整协商事项范围，以正式制度文本或以往的成功案例数据库增强其有效治理的合法性，以吸纳包容更多新兴社会力量，增强参与主体的能动性和自发性。制度化吸纳有助于降低体制外成员或社会组织的参与成本，减少社会群体与国家权威直接冲突的可能性，为社会群体维护自身权利及经济利益提供稳定的政治参与途径。

2. 体系化整合重构组织资源

H 工作室在地方政府的强力支持下，整合原有的基层治理平台，划归承接旧有功能，以重构各类碎片化组织资源。一是构建枢纽型组织结构。H 工作室对内构建纵向组织结构（街道"民情气象台"及社区"民情气象站"），对接基层政府科层化管理体制，承接资源和信息的上传下达。对外则建立组织网状结构（如图 2 所示），以连接政府部门、企事业单位、其他社会组织、新闻媒体、网络平台等多元主体，以开放、平等、互动方式整合社会力量，避免吸纳过程的重复投入或无序参与。二是内化交易成本。H 工作室通过协商谈判将利益相关者纳入组织内部框架，将信息收集、契约签订、合同执行等行为付出的交易成本内化为组织管理费用，大大节约了街居组织的整体运行成本。三是降低民众参与成本。H 工作室为基层民众提供复合型治理平台，有效避免了传统科层组织注重专业化职能分工、职责同构与部门边界而产生的"踢皮球"现象。复合型基层治理平台增强了社会参与的包容性，奠定了街居事务治理的合法性基础，为民众提供了多元化参与渠道和规范化参与流程，节约了民众参与的时间成本和财力成本。

3. 组织化协同治理公共事务

街居的社会生态错综复杂，单纯依靠国家强制力量很难实现善治，需要多元主体的共同参与。H 工作室作为复合型街居组织，是协同治理的媒介平台。一是构建开放的行动者系统。H 工作室打破以往单向线性的权力运作

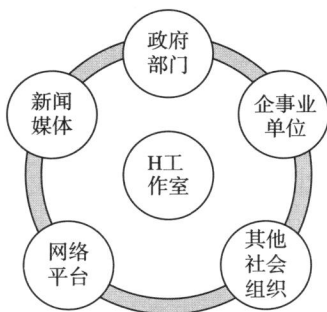

图 2　H 工作室的组织外关系网络结构

模式与传统群体的划分边界，吸纳政府部门、社会组织和居民等多元主体形成有序的治理网络，引导或影响议程方案的制定与执行过程，增进社会力量参与的包容性和广泛性。二是倡导理性协商与建设性参与。H 工作室以自身为组织中介，利用恳谈会等多样化的形式加强利益相关者之间的公开、公正的互动，推动各方基于理性妥协进行平等对话和交流合作，提出建设性意见和均衡方案。三是建立协同治理机制，促进各方良性互动和分工协作。H 工作室将原有的"和事佬""12345 进社区"等制度安排适当保留，整合成利益协调、权益保障、矛盾调适等治理机制，以合作共商的方式协调利益冲突，达成政府、企业、社会组织、街居、媒体、居民等利益相关者的协同共治与责任共担。组织化协同使社会各方利益主体互相连接，以 H 工作室作为桥梁共同参与公共事务的治理。

四　结论与讨论

　　H 工作室基层治理的实践已历时近十年，由最初的试点创新到现在的复制扩散，充分体现了吸纳式治理在基层环境中的制度韧性与现实绩效。吸纳式治理以社会组织为载体，通过组织流程再造，广泛吸纳民情信息，拓宽民意表达渠道，从而有效避免科层组织因任务导向而对协商参与产生行政排斥。H 工作室的吸纳式治理有其特殊的社会场域，如地方政府的关系网络和行政力量的幕后支持、信息直报的渠道优势和治理模式的规范精练、街道邻里的信任互助和社区居民的公共精神等，这些都是其延续发展的重要基石。H 工作室的持续发展也同样存在瓶颈，例如，在人员队伍方面，人员因薪资待遇、职业前景等因素变动频繁；在组织运行方面，组织对行政资源过度依赖从而陷入被动裹挟的尴尬局面；在信息吸纳方面，民情观察员作为信息触角，因老年人占比大而缺乏信息生产的多维异质性；等等。

本文结合 H 工作室的具体实践，归纳了吸纳式治理进行扩散的三个关键要素。首先，以构筑公共空间为场景路径，通过完善公共空间布局，以开放性的公共场所提高社区成员接触交流的可能性；适当鼓励并积极引导社区居民参与公共活动，以增强居民对社区的认同感与归属感，进而培育社区成员的公共意识与公共精神，为吸纳式治理构建良好的社会环境。其次，培育类 H 工作室的社会组织，通过灵活的制度安排盘活民间智慧；主动对接政府扶持项目，以解其资金短缺的燃眉之急；建立诸如湖滨街道"1624"标准化的信息生产模式，以提高民意吸纳效率；主动嵌入地方治理网络，以实现灵巧迅捷的治理功效，从而为吸纳式治理奠定组织基础。最后，以创新信息吸纳体系为技术路径，通过搭建标准化的信息吸纳平台，建立规范有序的信息生产流程；依托现代管理技术（大数据、云服务等）构筑信息中枢网络，建立松散耦合的信息共享模式；形成信息采集、存储、分析、反馈与决策的信息管理链，实现高位协调的信息服务功能。H 工作室吸纳式治理是一个上下关切、左右协调、紧密相连的有机体，在模式推广过程中需要注意的是，其扩散更需因地制宜，应避免生硬嫁接而诱发制度移植失败乃至形成对基层科层组织的桎梏。

基层组织的吸纳式治理与其所处的社会环境紧密关联，尤其在"强国家、弱社会"的背景下，其较之国家科层组织体系还处于明显劣势，它的持续性发展依附国家权力的合法性支持。基层组织的吸纳式治理目前存在对行政力量的过度依赖、精英俘获现象普遍、参与成员老龄化等问题，加之政府的科层惯性、体制自主性与社会组织的政治参与之间存在较大张力，自上而下的任务执行与平等互动的协商讨论具有潜在矛盾冲突，使得社会环境中的基层治理缺乏组织的完备性和自主性。因此，在国家力量的支持下妥善协调国家与城市街居组织的关系，充分发挥基层组织吸纳式治理在解决社会矛盾中的作用，以及促成国家资源对基层组织的有效供给而又避免被"过度行政化"裹挟，成为现阶段民主与效率的均衡利器，是实现基层善治的重要议题。

参考文献

储建国，2010，《当代中国行政吸纳体系形成及其扩展与转向》，《福建行政学院学报》第 2 期。

黄卫平、陈文，2006，《民间政治参与和体制吸纳的互动——对深圳市公民自发政治参与三个案例的解读》，《马克思主义与现实》第 3 期。

蒋源，2016，《吸纳式服务：基层党组织在社会治理转型中的一个过渡机制》，《社会主义研究》第 5 期

金耀基，1997，《中国政治与文化》，牛津大学出版社。

郎友兴，2009，《政治吸纳与先富群体的政治参与——基于浙江省的调查与思考》，《浙江社会科学》第 7 期。

郎友兴、谢安民，2017，《行政吸纳与农民工政治参与的制度化建设——以浙江省乐清市 L 镇 "以外调外" 实践为例》，《理论与改革》第 4 期。

林闽钢，2014，《超越 "行政有效，治理无效" 的困境——兼论创新社会治理体系的突破点》，《中共浙江省委党校学报》第 5 期。

强世功，2007，《"行政吸纳政治" 的反思——香江边上的思考之一》，《读书》第 9 期。

陶建钟，2013，《风险与转型语境下社会秩序的路径选择——控制、吸纳与协作》，《浙江社会科学》第 8 期。

肖存良，2014，《政治吸纳·政治参与·政治稳定——对中国政治稳定的一种解释》，《江苏社会科学》第 4 期。

杨宝，2014，《治理式吸纳：社会管理创新中政社互动研究》，《经济社会体制比较》第 4 期。

张艳娥，2016，《从嵌入吸纳走向协商治理：中国国家治理模式的一种演进逻辑》，《理论月刊》第 5 期。

张永宏、李静君，2012，《制造同意：基层政府怎样吸纳民众的抗争》，《开放时代》第 7 期。

赵鼎新，2012，《社会与政治运动讲义》（第二版），社会科学文献出版社。

完善数字经济治理　激发数字经济活力

——阅读《新治理：数字经济的制度建设与未来发展》

胡　荣*

　　对于数字经济这种新的经济形态，人们在享用其带来的便捷和收益的同时，怎样从制度体系建设层面为其健康发展保驾护航？这一问题具有很强的现实意义。刘西友同志的新作《新治理：数字经济的制度建设与未来发展》适时推出，不但梳理了数字经济的发展脉络及其在世界范围内的发展现状，还从马克思主义政治经济学角度探讨了数字经济制度体系建立的可行性，重点分析了数字经济制度体系建设的理论基础、面临的问题、国际背景及发展前景。

　　正如书中所述，中国数字经济制度体系建设还处于初级阶段，在很多层面还处于探索阶段。刘西友同志从提升数据安全、缩小数字鸿沟、改善就业结构、完善共同富裕理念等方面，借鉴数字经济的国际发展历史和现状，给出参考性意见，对政策建设研究者和企业战略规划者都有很好的借鉴意义。

　　书中提出，持续优化发展数字经济的制度环境，需要同时发挥制度体系的激励和约束功能。一方面，要响应数字经济参与主体的激励需求，适度扩大数字经济制度激励作用发挥的范围，在产权制度、规划制度、创新制度和开放制度等方面，增设和完善具体而多元的制度措施。另一方面，

---

　　* 胡荣，西南政法大学副教授。

在发挥数字经济制度激励功能的同时，要切实发挥税收征管制度、公平竞争制度、测度考核制度和安全保障制度等数字经济约束制度的规范和引导功能。

在数字经济快速发展过程中，制度变迁和技术进步互动共促、互为因果。数字经济发展既提升生产力，也调整生产关系。生产关系的调整主要表现为一系列与数字经济相关的制度构建和变革。数字经济发展呼唤国家治理体系尤其是数字治理体系和制度体系的创新。数字经济健康发展尤其有利于推动构建新发展格局。数字经济具有鲜明的时代特征。

数字经济制度体系的构建，已跃升为新时代国家治理现代化领域的一个重大命题。制度体系作为一定社会活动领域的组织及其规则体系，通过发挥激励功能和约束功能，对数字经济发展的动力、路径和趋势产生重要影响，成为数字经济发展的协调保障机制。

该书从激励制度和约束制度两个方面，研究数字经济制度的体系构建，探索构建适合数字生产力发展的产权制度、规划制度、创新制度、开放制度，以及税收征管制度、公平竞争制度、测度考核制度和安全保障制度等制度体系。该书注重理论分析和案例研究相结合，从发展实景、逻辑图景、重点场景、国际情景、运行前景等维度，条分缕析数字经济及其制度体系构建实践和理论，从相关技术创新和制度变迁的协同演化着手，全面系统地研究数字经济制度体系的构成和功能，推动对策措施更加有力、有度和有效，更加具有针对性和适用性。

数字经济是继农业经济、工业经济之后的主要经济形态。世界主要国家都在竞相推动数字经济发展。中国数字经济的健康、安全发展，正在为经济全球化带来新动力、新机遇和新亮点。在《中华人民共和国国民经济和社会发展第十四个五年规划和 2035 年远景目标纲要》中，中国首次将"数字经济核心产业增加值占 GDP 比重"作为体现创新驱动的指标，提出到 2025 年数字经济核心产业增加值占 GDP 比重将达到 10%。数字经济事关国家发展大局，数字经济健康发展有利于推动构建新发展格局，有利于推动建设现代化经济体系，有利于推动构筑国家竞争新优势。党的十八大以来，党中央高度重视发展数字经济。习近平总书记强调，发展数字经济是把握新一轮科技革命和产业变革新机遇的战略选择，要完善数字经济治理体系，健全法律法规和政策制度，完善体制机制，提高中国数字经济治理体系和治理能力现代化水平（习近平，2022）。在奔向 2035 年的新发展格局中，数字经济既要实现跨越式发展，也要实现规范和安全发展，这就需要科学有效的制度体系作为保障。

《新治理：数字经济的制度建设与未来发展》正是以制度体系的构建为研究对象，前瞻性地探讨了数字经济制度体系的特征、规律、瓶颈和措施，为读者全面了解、把握数字经济及其制度体系相关知识，提供了便捷通道，实属难能可贵。该书内容丰富、剖析深入、阐释详细，适合政策研究者和专家学者翻阅参考，也适合有兴趣了解数字经济热点、难点问题的读者阅读。

当前，世界多极化、经济全球化、社会信息化、文化多样化深入发展，各个国家和地区之间相互关联、相互依存程度之高前所未有。互联网新旧格局交替，消费互联正深入发展，产业互联已悄然来临。数据是新的生产要素，建立在互联网和数据要素基础上的数字经济，更是创新经济、开放经济和代表未来的新经济。

长期以来，党和国家一直重视发展数字技术、数字经济。2022 年《政府工作报告》提出了促进数字经济发展的系列举措，包括：加强数字中国建设整体布局；建设数字信息基础设施，逐步构建全国一体化大数据中心体系，推进 5G 规模化应用，促进产业数字化转型，发展智慧城市、数字乡村；加快发展工业互联网，培育壮大集成电路、人工智能等数字产业，提升关键软硬件技术创新和供给能力；完善数字经济治理，培育数据要素市场，释放数据要素潜力，提高应用能力，更好赋能经济发展、丰富人民生活。"十四五"期间怎样拥抱数字经济新机遇？如何做强、做优、做大中国数字经济？数字经济发展趋势与治理重点有哪些？怎样落实 2022 年《政府工作报告》中关于促进数字经济发展的重点任务？《新治理：数字经济的制度建设与未来发展》的出版，为回答以上问题提供了参考。

落实落细稳就业举措是 2022 年宏观调控的重要任务。该书详尽阐述了数字经济和就业的关系。一方面，数字经济发挥就业"倍增器""稳定器"作用。书中提到，数字经济时代，机器进一步替代人类的脑力劳动。人工智能等数字经济前沿技术推动机器学习方法取得快速突破，很多非程式化工作任务正逐渐被机器所替代。数字经济作为新型经济形态，不但可以增加就业总量，而且可以升级就业结构。发展数字经济是优化就业结构、扩大就业规模的重要举措。在中国，数字经济有利于直接带动农村人口就业；传统产业的数字化转型，成为吸纳就业的重要渠道；零工经济、外包经济、共享经济等领域的市场主体，利用信息技术和互联网平台精准匹配供需两方，为自由职业者尤其是年轻人提供了灵活的就业方式，深刻改变了传统就业模式。另一方面，数字经济发展在促进、带动就业的同时，可能会对就业产生不利影响。书中谈到，知识结构比较落后、技术水平比较低的传统就业群体，更容易受到数字经济的冲击。在美国，信息技术企业不断获得巨额回报，数字市场高度集中，被认为是制造行业失业率攀升和居民贫富差距拉大的重要原因。对中国来说，中国制造业总体上处在全球价值链的中低端，生产组装等常规工作对就业者的技能要求不高，导致其极有可能被机器所替代，由此带来一定的就业压力。在生产任务总体不变的前提下，数字经济生产效率的提升有可能降低企业对劳动者的需求。如何扬长避短，发挥数字经济对就业的积极影响，该书提出要始终坚定人民立场，促进全体数字经济参与者朝着共同富裕方向稳步前进。比如，开发线上培训平台，开展数字化技能培训，为新生劳动力、失业人员提供数字化培训；为在职劳动者提供更具灵活性的在线模块化网络课程，培养全民数字技能，培养具备数字技能和工匠精神的数字工匠，扩展数据、知识、技术和管理等要素参与分配的途径，缓解数字技术进步引发的结构性就业矛盾；提高零工经济等数字经济就业人员的保障水平，更好地发挥社会保障的社会稳定器作用。

依法规范平台经济的发展、强化对平台企业的监管是数字经济治理的重点。书中指出，围绕数据这一生产要素及其权益的竞争日趋激烈，在部分领域形成的垄断势力，推高了数据流动壁垒。很多时候，平台将其收集的各种数据据为己有，借助技术护城河和市场进入壁垒，试图形成数据壁垒。基于条块分割、行业和地域壁垒形成的数据孤岛，往往阻碍数据的开放共享和自由流动。当占有数据优势的企业形成市场支配地位并滥用其支配地位时，即构成数据垄断。脸书、亚马逊、优步等数字平台企业都接受过或正在接受有关国家或地区的反垄断调查。在中国，"算法共谋"通过机器学习的形式，即时获取、调整、预测价格，增强了不合理交易条件的隐蔽性，给市场交易带来了极大的不确定性，整个市场竞争结构和竞争过程由此面临潜在风险。书中谈到，为了扩大其领域优势，平台企业积极探索与传统企业建立战略伙伴关系，或者投资、收购潜在竞争对手，以此进入互补产品和服务领域。部分平台企业自身在某些领域已经取得领先的市场地位。比如，在全球的互联网搜索市场、社交媒体市场和云计算服务市场上，谷歌、脸书、亚马逊占据主导地位。随着相关平台企业的运营边界被放大，平台企业涉足的产业行业不断增加，为资本的野蛮生长和持续积聚提供了便利的工具和条件，但也暴露了资本在全球的不良影响，提高了不公平竞争程度，扩大了贫富差距，加剧了周期性经济危机。书中提到，在全球范围内，随着数字经济尤其是平台经济的发展，垄断问题变得更加隐蔽复杂，争议更多，影响范围更广，凸显了加强平台企业监管的紧迫性。因此，要秉持严格、审慎和适当原则，妥善处理规制垄断与鼓励创新间的关系，综合考量经济效率、技术创新和国家利益等因素，推动创新生态持续繁荣；明确竞争政策在经济政策体系中的基础性地位，清理不合理的行政许可、资质资格事项，强化对新制定政策法规的公平竞争审查；围绕数字经济中的垄断地位认定、动态效率认定等关键前沿问题，加强专题研究，加快完善法律法规体系，确定《反垄断法》的实施边界和实施标准。

该书内容丰富、结构严谨、行文流畅，对当下"东数西算"基础设施建设、数字资产产权的保护、"流量经济"中明显的纳税责任、跨境数字贸易的税收管辖权、"数字鸿沟"治理等，都有一定参考意义，有利于读者结合实际案例对各种现象进行深层次思考。该书对各级领导干部增强发展数字经济本领、推动数字经济更好地服务和融入新发展格局有帮助，对各行业人员提高数字经济思维能力、提升数字素养有参考价值。

参考文献

习近平，2022，《不断做强做优做大我国数字经济》，《求是》第 2 期。

转型时代的集体记忆与生命沉思

——高小平研究员访谈录

陈　潭*

　　受编辑部青年学人的委托,《南方治理评论》主编陈潭教授赴北京,围绕公共管理热点问题和社会科学研究方法,特别是行政管理体制改革的理性思维与实践体验,与中国行政管理学会高小平研究员进行了深度交流,内容涉及服务型政府、转变职能、体制改革、管理创新、大数据以及个人生命历程等多方面。访谈从他的同班同学严强、童星说起。

　　◎**陈潭**：高小平研究员,您好!您和严强、童星教授都是 1977 年恢复高考后首批考上大学的学生,在南京大学哲学系读书期间正好又是你系里的老师胡福明先生撰写并在《光明日报》上发表《实践是检验真理的唯一标准》这篇文章的时候。这两件事叠加,使得你的求学生涯具有了极为特殊的经历。我想请你谈谈你的同学,谈谈你心目中的真理标准,讨论一下那段历史,谈谈从今天来看那次思想解放的意义。

　　◎**高小平**：陈潭院长好,各位好!很高兴有机会借贵刊园地来与大家交流。我和严强、童星、宋林飞是南京大学哲学系七七级的同班同学。我们这个班有 72 人,加上与我们一起上课四年的其他大学委培师资 6 位同学,一共 78 人。胡福明老师当时是南京大学哲学系副主任,负责招生工作。我

---

　　*　陈潭,广州大学公共管理学院院长、教授、博士生导师。

们这个班的学生是他一个一个选进来的。这个班四年下来，形成了很好的班风，就是团结和睦、亲如一家，潜心学习、见贤思齐。严强、童星、宋林飞等"老三届"是我们班的老大哥，对我们年龄相对较小的同学来讲，不是一般意义上的同学，是学长，是身边学习的榜样，是就近请教的"小老师"。

严强的理论水平很高，思维的逻辑性强，分析问题极为深刻。记得有一次，胡福明老师在课堂上提出一个追问：为什么历史上一个国家如果在某个历史阶段停留得比较长，那么它在下一个阶段经历的时间就比较短，而且它在进入下一个阶段的初期一定会遇到无比大的阻力？如何解释这一现象？如何克服新的社会阶段进入期的阻力，增强变革的动力？我在课间与同学严强交流，请教他如何理解胡老师的这个观点，如何破解这种现象。严强对胡老师讲的历史变迁规律的理解是，历史发展是波浪式前进，因此在前一个阶段停留的时间长，就可能在下一个阶段实现超赶，从而缩短时间。但能不能实现超赶，关键在于变革的动力强不强。而动力的源头是多种多样的，思想的力量是最深层的一种动力。我国的改革，需要来一次思想解放，最终需要依靠科技的力量寻求历史难题的破解。严强的这些想法，应该是对胡老师哲学思想的准确理解。他之所以能做到这一点，可能是因为他和胡老师接触比较多，胡老师把一些想法跟他交流过，但我更相信是严同学自己的"发明权"。

严强被学界称为中国现代公共政策科学的奠基人之一。他在学术上的贡献可概括为"两本笔记"——《哲学笔记》和《公共政策笔记》。《哲学笔记》是列宁的名著，严强对此有深入的研究，有很多新发现，后来在这个研究的基础上他写出《马克思主义哲学发展史》，在哲学界有不小的影响。《公共政策笔记》是严强对公共行政、公共政策研究的集萃，其中有很多独到的创见。他的学术建树集中体现在对公共行政学理论提出终极性反思，认为中国的行政学取决于中国的行政体制改革，而一方面中国的行政体制改革按照从政府管制行政到政府管理行政再到公共行政的路径前行，另一方面行政管理与政治学理论发展的相互关系不能忽略，事实上中国的政治体制改革决定了行政体制改革的力度、深度、广度和长度。

童星是七七级那一年的高考状元，知识面之宽、反应力之强总是让我们瞠目结舌、五体投地。他早期重点研究哲学和社会学，后来转到公共管理，最后定于风险管理、灾害管理、危机管理。童星不仅是国内哲学社会科学界培养博士研究生最多的导师之一，而且是主持国家重大课题研究最多的学者之一。他的学术贡献主要是将风险危机理论引入公共管理，将两者有机融汇，开创了多学科研究新兴学科的新方向。

我还有一个老同学、好学长宋林飞，他是费孝通的嫡传弟子，中国改革开放后社会学的主要开创者之一，曾任中国社会学会会长，又是学者型官员的典范，当过江苏省社会科学院院长、江苏省政府参事室主任。他的学术研究领域主要不在公共行政，我没法评价他的学问。但是可以透露一个小秘密，或许能说明他的学问恰恰就在行政管理，而且是大家。他在南大当教授、院长期间，国务院研究室准备调他进京。著名理论家王梦奎时任国务院研究室主任，亲自给他安排办公室、申请爱人调动以及住房，千方百计想留下他。老宋来上班后，我们在一个院子里办公，一个食堂吃饭，几乎天天见面，还常常利用午休时间在办公室畅聊。过了一段时间，他告诉我要回南大了。我很惊讶，问他为什么。他笑着答道："我必须在他们分房子、调夫人之前就回，否则就给组织添麻烦了。"他总结这一段工作的体会，一是平台大，做一些全国性调研可以高瞻远瞩，全面透彻了解情况；二是接地气，跟着政府同志一起工作有特殊优势，接近实际，有助于培养良好的作风；三是"小社会"，在高层机关工作的人其实也不是生活在真空中，各色人等、各种诉求都有。

我从严强、童星、宋林飞以及班上很多同学身上学到很多有形的和无形的知识。

我们因 1977 年恢复高考制度而有机会参加大学入学考试，这得益于邓小平开启改革开放的序幕。在我们读大学的头一年，国家发生了一件大事——真理标准讨论。这是一次重大的历史性事件，它改变了国家的命运。

真理标准讨论所代表的思想解放运动，对于中国人能量的释放，对于民族复兴的作用，对于世界历史进程的影响，其价值会随着时代的发展而愈来愈展现。当代人都具有一定的局限性，现在做全面评价有必要，但是未必能看得很准，需要更长的历史。即使是这样，我们身处其中仍然能感受到民族的力量、知识的力量、人性的力量、常识的力量，它的意义大概只有欧洲历史上的文艺复兴可以与之相媲美。

◎**陈潭**：当年七七级高考，很有传奇色彩。请你谈谈你经历了怎样的命运转折。

◎**高小平**：1977 年 10 月的一天，我正在工厂上大夜班。早晨 6 点半多一点，一位同事到户外呼吸新鲜空气（我们车间里空气污染严重，厂子里每月发放营养补贴，并允许工人上班时定时出去"透气"），回来后兴奋地跟我说，"刚才在大喇叭里听到新闻，说要恢复高考了，不搞推荐上大学了，谁都可以考！"我不信，就说等明天到政工科看了《人民日报》再说。当时只有政工科有《人民日报》，而且是隔日才到。次日早晨 8 点下班后，我就把这件事给忘了，回家睡觉了。这位同事则比较执着，晚上 12 点上班后又激动地说："我问了四五个人，都说听到广播了，肯定是真的，今天白天我都没睡觉，把家里的数学书找出来了，我们先复习数学吧，语文和政治比较好办。"说着就真的从书包里掏出以前的教材。这时，离考试只有个把月的时间了。我的数学主要是靠这位同事的帮助。利用上夜班的空隙时间，我们两个人在车间的沙子地上，用改锥当笔，做了很多道题。后来我俩都考上了大学。

求学是人生最美好的时光。但在"文革"时期，上大学是从来不敢想的事，是邓小平同志主持国务院科技教育工作期间以非凡的政治气魄恢复高考制度，让我们搭上了科学的"春天号"，迎来了人生的转折。1977 年那个令人难忘的冬季，我一边上班一边复习，以第一志愿考上了南京大学政治系（后改名为哲学系）哲学专业。南京大学的风气非常好，学术氛围浓厚，序长不序爵，倡导坐冷板凳，鼓励学生独立思考。在这样的环境中学习，真是莫大的幸福，并且受益终身。记得有一次，胡福明老师讲，我们在坚持自己的正确观点问题上可以张扬、必须张扬、值得张扬，但是在追求真理的道路上要谦虚，在做人的问题上要低调，绝不可张扬，要做到学术上的标新立异与为人处世上的求同存异相统一。胡老师在 1978 年发表"真理标准"的文章，引发全国性的大讨论，绝不是偶然的，这与南京大学潜心治学传统和追求创新精神是分不开的，与胡老师炽热的爱国情怀、浓烈的人性情结、深厚的哲学底蕴是分不开的。他在讲授历史唯物主义课程中，提出的很多想法实际上是与真理标准问题的思考紧密联系在一起的。比如他在动笔写"真理标准"一文之前就发表了关于社会主义国家制度变革的文章，发表了为"唯生产力论"正名的文章，还有大量的思考没有写成文字，但在给我们上课的时候都讲了。

◎**陈潭**：你生于苏州，长于苏南与苏北之间，1977 年国家恢复高考制度后第一批考上南京大学，和我们分享你的故事吧。

◎**高小平**：我是 20 世纪 50 年代中期出生于古城苏州的，父母都是教师。因家长是双职工，我的童年是和两个哥哥一起，在姨家长大的。姨没有工作，也没有子女，我们就成为她的孩子。姨和外婆住在一起，外公打我记事时就已不在人世，一点印象都没有。听比我大十岁的哥哥说起过，外公是浙江绍兴人，外公的父亲是进士，被朝廷派到扬州做官，就与另一位在扬州为官的进士，即外婆的父亲（湖南人），订了娃娃亲。至于后来怎么离开扬州的，我哥也不清楚。我母亲对自己的身世始终是讳莫如深的，因为那个年代她属于出身不好。姨家在苏州老城的东北角，娄门外，紧挨着护城河，属于城乡接合部。那时还有一块块被建筑物分割开的农田，我们放学回家的路上就要经过。稻子收割后，我们可以抄近道从晒干的稻田里走回家，也可以尽情地在空旷的田野里嬉戏。我的小学第一站是在娄江小学读的，该校得名于娄江。娄江，其实不是"江"，只是"河"，是苏州城市腹部一条重要的引排调节河道，它西起苏州娄门，东至昆山、太仓交界的草芦村，下接浏河，流经吴县（今吴中区、相城区），是太湖与长江的连接河流，全长 50 多公里。但我在这个小学只读了两年，三年级时由于姨妈身体欠佳，我就回到父母家住。我家在城里，与中国四大名园之首的拙政园一墙之隔。拙政园便成了我们家的"后花园"，是孩子们捉迷藏的天堂，是学古人抒发诗情画意的绝佳之处。直至今天，我做梦的场景有很多仍然是拙政园的山水、亭台、楼阁、对联。遗憾的是，我们居住过的房子后来被拆除了，作为拙政园的出口处。父母也常常在周末带我们去爷爷奶奶家，位于苏州南城的牛车弄。前几天我还去看，幸好没有被拆掉，但也已经面目全非了。爷爷奶奶家是一个大家庭，大伯家有我一个堂哥、两个堂姐，每次我去他们就陪我玩，教我语文、英文。姑妈家有我两个表弟、一个表妹，也经常在一起玩。家在武汉和福州的两个叔叔婶婶定期来苏州，他们家的弟弟妹妹有些见过，有些未曾谋面。

小学毕业前夕，"文革"开始了，我按照当时的做法，就近入学，进入苏州市第六中学。但学校的课很少，也没有家庭作业，在家的时间多用于练习书法。我两个哥哥那时已上大学，大哥在东北工学院（现东北大学），是 1964 级的，二哥在清华大学，是 1965 级的，他们都选择了回家，成了我的书法老师。

念完初中和高中（那时初中和高中加在一起是四年）后，无事可做，公社文化站站长正好需要帮手，我就去当了临时工，有演出任务时拉二胡，没演出时给站长当人力车夫，骑自行车带他下乡采风，或到县城开会。从公社文化站到县城单程有 60 里地，当天来回，都是由我骑车，他坐在后面。当地人管这种人力车叫"二轮车"，相当于城市里的"三轮车"。但站长是不付车钱的，每个月发给我 8 块钱的"饭补"。干了几个月后，盼来了县城招工，我进入了县塑胶厂，做了两年操作工人，学会了两个本事。第一个是熬夜。厂子是三班倒，小夜班从下午 4 点到夜里 12 点，大夜班从夜里 12 点到早晨 8 点。习惯了上大夜班，就学会了熬夜不犯困。后来上大学时，在班长带领下做勤工俭学，校园巡夜，从教室和宿舍熄灯到次日天亮，有的同学总要在凌晨三四点最困的时候溜回宿舍睡一会儿，我却可以整夜不睡，一起巡逻的张明明同学对此总是羡慕不已。后来到国务院办公厅工作经常加夜班，也比较习惯。第二个本领就是保管好钥匙。我工作的第一年是在流水线上做工，就像富士康工人那样的机械动作，第二年做了一段时间的"配方员"，就是按照规定的化学原料比例配制用于塑料加工的原始材料。后来有一年时间做仓库保管员，管理全车间的物资，不仅要把原材料、产品按照种类和型号进行有序排列，更重要的是保管好仓库大门的钥匙。师傅告诉我，钥匙不能挂在皮带扣上，也不能放在包里，都容易丢，只有放在裤子口袋里最保险，身体能够感觉得到，而且必须每隔五分钟摸一下口袋，看钥匙在不在，如果不在，五分钟之内是很容易找到的，每天回家还要检查口袋有没有破。定时摸口袋，回家查裤兜，这个好习惯我一直保持到现在，从来没有丢掉过钥匙。我们车间生产的是塑料袋和塑料凉鞋，全部是用回收废塑料加工制作的产品。如果说那时我有"家国情怀"，那就是较早地认识到可持续发展的重要性并在循环经济领域付诸行动。

◎**陈潭**：你大学毕业后被分配到国务院办公厅工作，这是你宝贵的精神财富。能不能跟我们讲讲个中经历、成长轨迹与人生体验。

◎**高小平**：我们这一届大学生是 1982 年初毕业，春节后到单位报到的。对于我这样毫无背景的人，能被分配到国务院办公厅工作，是做梦也绝对想不到的。我们这个班毕业分配时一共有 12 个人被分到北京工作，有党中央机关的，有国务院机关的，也有中央报社和大学的。我在国务院办公厅主要做理论宣传和干部培训工作，也做过一段时间的机关共青团工作。

在繁忙的行政工作之余，我坚持学习，对自己提出每个月要写两到三篇文章的要求，这 12 年中一共写了 38 篇长短不一的文章，很多是结合业务的一些片段性思考。其中比较有点分量的文章是《政治工作与经济治理》《创建有中国特色的改革理论》《承包经营责任制实践中的若干法律问题》，大多是在《光明日报》《工人日报》《半月谈》上发表。汪永清邀我与他合作编著了《公务员全书》，我负责写了其中的"机关管理卷"。我与单位同事共同访问了40多位曾经在周恩来总理身边工作的老同志，约请他们写回忆录，汇编成《在中南海的日子里》一书，公开出版，发行量很大，其中很多重要内容直到现在仍然是国务院办公厅干部津津乐道的故事。我还利用当团委书记的机会，对国务院机关青年干部进行了问卷调查，后来形成了《跨越从学校到机关的心理适应期断层研究》，在《中国机构》杂志发表后，《中国青年研究》和《中国青年报》都做了全文转载。

1994年，我的工作从机关调整到中国行政管理学会，是有点偶然性的。1985年学会筹备组创办《中国行政管理》杂志的请示件，是经过我的手报送当时期刊主管部门文化部的。刊物创办后，我每一期都认真阅读，也曾经用邮寄方式给杂志编辑部投稿子，但是石沉大海，当时觉得学会同志还挺"霸气"的。就在这个时候，我的老领导张文寿同志从国务院副秘书长位子上退居二线，任中国行政管理学会常务副会长（当时会长是国务院秘书长罗干），他动员我来学会，做《中国行政管理》杂志主编。他给我十天时间考虑。学会对我来说并不陌生，学会筹备组开展的一些学术活动我也参加过，杂志更不陌生。即使这样，我还是用了一个星期的时间，查阅学会创办以来的文件及资料，认真地读了黄达强、刘怡昌主编的《行政学》一书，感到行政管理研究是一桩很有意义的事情，就愉快地服从了组织的安排，办了调转手续。

从1994年到2000年，我的工作就是编辑《中国行政管理》杂志。之后，担任学会秘书长，主持学会的日常工作。

"有一种开始叫结束。"回顾往事，觉得几十年的工作其实就是在做"二轮车夫"、"操作工"和"保管员"——尽管转换过多种角色，但是都是在为别人服务，在做操作性的事，同时也是在精心保管自己的良心。

◎**陈潭**：你参与了行政管理体制改革、应急管理、绩效管理等国家改革进程中的许多重要工作。20多年来，你多次应邀参加国务院领导同志主持的专家座谈会。2008年为第十七届中共中央政治局集体学习做关于"国外政府服务体系建设和我国建设服务型政府"的讲解，这是党和国家对一个学者服务社会的最高肯定。能不能请你谈谈你心目中的政府行政管理是一幅怎样的图景？

◎ 高小平：我在行政管理工作和理论研究上的体会是，要从实践中琢磨理论的创新点，在理论中探求实践的突破口。

改革开放以来，我国不断推进行政管理体制改革，取得了重大进展。我作为中国行政管理学会的一员，经常有机会参加国务院和国务院办公厅的会议，比如 2003 年多次参加国务院领导同志召开的应急管理专家座谈会，2006 年作为国务院行政管理体制改革部际联席会议的列席成员参加了政府绩效评估、行政问责制等文件的起草和讨论。参与行政管理改革的实践，对我的研究是一个很大的促进。2008 年我有幸给中共中央政治局集体学习做了讲解。中共中央政治局集体学习与各级党委中心组学习，是建设学习型组织的一项重要制度，是决策科学化民主化的平台。中共中央政治局集体学习还是总书记和中央领导集体与学术界之间密切联系的桥梁纽带。我们这次的讲稿后来以课题组名义在《中国行政管理》杂志和《国家行政学院学报》上全文发表。

政府行政管理是人们熟知的社会现象，但要准确理解、科学把握、自如履职并不是一件容易的事情。我的体会是，可以从三个层次、维度来观察、分析、理解。第一，行政管理说到底就是一种服务。在古代中国，老百姓为官老爷服务，下级官员为上级官员服务，黎民百姓和全体官员为皇帝服务（当然服务这个词是晚清时期中国人从日本引进的，古代中国就是"伺候"这个词），缴皇粮国税、充军服劳役、听官员调遣、吃官司，都是说的这一点，这是"官本位"的服务；在工业文明时期，"官"通过"管"的手段实现用规则为社会服务，官员和老百姓都要遵守规则，这是"管本位"；在后工业文明时期，正在开启的生态文明新时代，为"官"的服务和以"管"为中心的服务都要转变为为公众服务、为经济服务、为社会发展服务，"官"就成了"倌"——人民的服务员，这是"倌本位"。第二，现代行政管理的本质就是依法办事。"法无授权政府不可为"，是因为权力来源于人民授权，这种授权在现代社会不是无限的，而是有限的。政府的无限权力只有在封建国家可以做到。在大机器面前，人显得十分渺小，经济盘子那么大绝对不是一个人能管得了、管得好的，国家这架大机器更不是几个人能管理好的，所以一定要分权、要放权。怎么分权于社会组织、放权于民呢，就是对政府的权力进行限制，把限制的权力关进笼子里，笼子之外的权力都属于社会，因此"法无限制公民即可为"。这两句话，一个是因，一个是果，对公民的"法无限制即可为"是政府的"法无授权政府不可为"的"因"，仅仅讲"把权力关进笼子里"只讲对一半。第三，现代政府的依法行政应该依靠智能化来实现。法治中国、法治国家、法治政府就是善治，但这个"善"不仅仅是道德意义上善的意思，更重要的是好的意思、优的意思、科学民主法治的意思。要达到善治的境界，不能完全指望政府及其公务员的"自觉"。依法行政主要靠行政管理体制的改革和创新实现，但行政管理体制改革是政府自己给自己开刀，"壮士断腕"，难上加难，缺乏内在动力。在信息化、互联网、大数据时代，必须依靠科学技术的强制力，增强改革的动力，即通过信息技术制约政府和公务员的"任性"，促使他们必须按照人民的意愿来依法行政。这就需要把"数据权"交给人民。从皇权一统天下的"全能政府"，到规则、标准、管制一统天下的"技能政府"（有管理技能、掌握行政管理工具的技术官员占据领导岗位和管理岗位），再到把政府职能、政府工作人员的技能、政府追求的治理品质要求等搬到互联网上，运用云计算、大数据等方法，改善行政管理方式，逐步让信息化行政管理一统天下，就是我们正在面向的、看得见的未来的"智能政府"。只有实现行政管理体制机制的这种创新，把政府的工作重点放到为智能化经济社会提供智能化的服务上，才能支撑和建设中国特色社会主义行政管理，才能做到人民政府规范有序、公开透明、便民高效。

◎**陈潭**：中国行政管理学会是国务院的智库，你在学会工作20多年，承担了大量的智库性和咨询性工作，你觉得怎样建设新型政府智库才是有效的路径？

◎**高小平**：行政学（行政管理学）是关于政府管理的理论。智库是为政府决策和管理提供智力服务的专门机构，一个好的智库，首先必须了解它的服务对象，然后建立适应服务对象需求的研究目标和团队。我国每年公开发表的科技论文总数已经位列世界第二。其他学科的研究成果要成为智库产品，为决策服务，一般都需要进行"格式化"，即区分哪些是基础性研究，哪些是应用性研究，然后再做五件事：一是提出公共管理的"话题"（topic），二是提炼出治理的"难题"（trouble），三是标识为政府有权可解的"论题"（themes），四是凝聚为创新性"命题"（thesis），五是转化为业务性"专题"（thematic studies）。这五个"题"（5T）都是行政学、公共管理学、公共政策学应该研究，也是可以有创新性研究的"题"。因此，行政学就是支撑智库建设的核心学问。

行政学在发展历程中以需求为导向的研究，时间还很短，比起法学之于法律实务、经济学之于经济实务、文书学之于公文写作等而言，是个"新生儿"，处于自身发育、成长时期，还无力担当决策科学化中流砥柱的重任。为了促进包括行政学在内的各个学科研究的成果快速、精准、有效地转化为智库产品，进而转化为公共生产力，当前亟须在行政学、公共管理学等学科的交叉地带创立一门新学科——转化行政学。

转化行政学是将行政管理、公共管理、经济管理、社会管理等学科的基础理论研究和政府治理实践联结起来，双向循环转化的一种新的思维方式。它通过将各学科研究中的最新成果和理念及时运用到政府实务操作当中，描述日常经验总结与科学规律揭示之间的密切关系，打通行政管理改革和创新中的"最后一公里"，提高政府运行在"临门一脚"上的科学性和高效性。同时，转化行政学可以及时从行政管理实践中的困惑和难题破解中，为科学理论研究提供案例和实践数据。转化行政学是公共管理学与其他学科交叉与结合的产物，建构转化行政学是对行政学、公共管理学范式的创新。

你问中国行政管理学会在以往几十年作为国务院办公厅智囊团，发挥了一定的作用，体会是什么。我觉得，最深刻的体会就是在用行动撰写"转化行政学"这本"书"。

学会主要做了这几方面的工作。

第一，围绕政府中心工作，将学术界的知识生产转化为适合向政府呈送的实践性、政策性、对策性文本，将理论过渡到实务。

第二，通过为科学研究人员服务、为政府决策者服务、为社会组织和企业服务，学会肩负起社会公共使命，在科学研究、成果转化过程中协助决策实践，改善政府和公务员的知识构成、认知能力，提高社会整体效率和全体人民的福祉。

第三，发挥跨学科、跨领域、跨专业研究优势，提炼科研成果中具有应用性、经济性、伦理性、标准性、法制性、可操作性的知识和技术，提供多项备选方案，增加决策的可选择性，降低政策制定的时间成本，减少决策的随意性行为动机。

第四，研究智库的原理与方法，建构智库产品的知识体系，立足汇集、拓展和盘活学界已有存量知识，缩小智慧和行为的鸿沟，架起理论与实践的桥梁，解决研究者个人或团队感性经验与社会科学理性认识、基层调研素材与高层领导需求之间的对接问题。

第五，建立智库工作的保障体系，包括为学术界提供工作平台、交流平台和发表论文的平台，协助专门机构培养复合型人才，与学术机构共同研究制定学术发展规划，涵养学术资源，促进学科发展。

我只是想到这么几点，挂一漏万，学会几十年来创造了很多经验，还有不少没有概括进来。如果我们能够把这些做法进行梳理，提高到理论层面，提炼出具有规律性的认识，那就是转化行政学的基本内容。建议你们专访郭济老会长，他担任学会会长 12 年。在这 12 年中，学会的智库建设获得了很大的发展，他的学识、经验和人生阅历本身就是一部巨著。

◎**陈潭**：改革开放以来，中国取得了巨大成就，你觉得应该怎样进行评估，或者从更宽广的视野观察，新中国成立以来，以理论分析为角度，最大的发展动力来自哪里？

◎**高小平**：改革开放以来，我国取得了巨大成就，最大的动力来自社会主义民主政治建设与社会主义市场经济制度的结合，以及这方面的理论创新。

新中国成立以来，在党的领导下，社会主义民主政治制度得以确立和发展，民主政治理论建设取得了积极成效。改革开放以来，在建立和完善社会主义市场经济体制的过程中，中国特色社会主义市场经济理论得以创立和完善。社会主义民主政治与市场经济相互融合，统一于中国特色社会主义伟大实践，推动了中国特色社会主义理论创新。

这个问题的解决，即民主政治与市场经济融合，既是马克思主义基本原理的应用，更是中国特色社会主义的创造。

民主政治理论是马克思主义"硬核"的重要组成部分，民主政治制度是社会主义的生命。马克思指出，在民主制中，国家制度本身就是一个规定，即人民的自我规定。他说，民主制是人民的国家制度，民主制才是普遍与特殊的真正统一。恩格斯指出，民主在今天就是共产主义。列宁指出，没有民主，就不可能有社会主义。毛泽东指出，中国人民非常需要民主，因为只有民主，抗战才有力量。邓小平指出，没有民主就没有社会主义，就没有社会主义的现代化。马克思主义经典作家的这些精辟论述，深刻阐明了社会主义民主的属性、社会主义民主政治制度的要义，以及社会主义民主政治的实现方式。

政治是经济的集中表现。社会主义民主政治是矗立在马克思主义政治原理大厦上的重大理论建构，而其思想的地基是唯物史观。习近平总书记指出，人民是历史的创造者，是决定党和国家前途命运的根本力量。人民群众创造历史和推动历史发展，是在生产力与生产关系、经济基础与上层建筑的矛盾运动中实现的。这是历史唯物主义的基本道理，是社会发展的基本规律。这也是一条"红线"，是划分真理与谬误的界线，必须时刻牢记、全面遵循、长期坚持，不可随意"逾越"。在中国，做任何政治选择、经济决策和行政行为，都必须最终植根于这个理论之中，才能经得起实践、人民和历史的检验。

新中国 70 多年的历史，从根本上讲，就是一部社会主义民主政治建立、社会主义民主政治遭受挫折、中国特色社会主义民主政治发展的历史。从更加宽广的视域看，是中国共产党领导人民顺应世界民主政治潮流取得国家政权、运用人民民主巩固人民政权、坚持中国特色社会主义民主政治建设以人民为中心的政权、实现中华民族伟大复兴的宏大画卷。

在新中国的道路探索、理论探索、制度探索、文化探索中，但凡能够按照政治与经济关系的规律，顺应经济政治发展要求，在社会主义经济建设中逐步推进社会主义民主实践的时期，政治建设和经济文化发展就比较顺利。反之，作为上层建筑的民主，一旦脱离经济基础发展的正常轨道，不按照生产力、生产关系的自身要求，抽象地、孤立地搞"民主"甚至搞"大民主"，就会出现削弱民主、破坏民主、葬送民主的灾难。

这些经验和教训给我们提出来一个问题，即民主政治与市场经济的融合是马克思主义的基本原理吗？或者说，它是如何丰富和发展马克思主义的？

民主政治是市场经济发展的产物，民主政治以市场经济为条件，市场经济发展又需要民主政治的保障，两者相辅相成。马克思说过，商品是天生的平等派。只要存在商品，存在国际市场，就必须尊重价值规律，尊重商品生产者和消费者的主体地位，尊重市场主体的平等地位，而只有实行民主政治制度才能保证有自由和平等的权利。邓小平对民主政治与市场经济的关系做出深刻的论述，其核心思想主要有两点，一是社会主义必须实行最广泛的民主，从制度上保证党和国家政治生活的民主化、经济管理的民主化、整个社会生活的民主化。二是市场经济不是某个历史阶段独有的产物，社会主义也可以实行市场经济，不要一说市场经济就是资本主义。在中国特色社会主义的实践中，民主政治与市场经济融合的理论是对民主的价值、市场的作用、中国的国情、社会主义的本质和根本任务等一系列重大问题深入探索，发现其相互联系建立起来的系统完备、内涵丰富的思想体系，是全面总结国际共产主义运动特别是中国社会主义实践、充分吸收和借鉴国际上有益做法的重大成果。这一成果，作为中国特色社会主义理论的重要组成部分，载入了马克思主义的理论宝库。

民主政治与市场经济融合是中国社会主义建设和改革开放的历史抉择。在新中国民主政治与经济发展的 70 多年中，发生了很多重要的事件、重大的变迁和转折，都对政治建设和经济制度的演化与聚合产生深远影响。归结起来，最主要的是三次转型，即从新民主主义到社会主义、从"以阶级斗争为纲"到以经济建设为中心、从计划经济体制到社会主义市场经济体制的转型。

从新民主主义形态到社会主义形态的转型，打开了社会主义民主政治的大门。从中华人民共和国成立到社会主义改造基本完成，是我国从新民主主义向社会主义过渡的时期。新中国成立前，毛泽东曾提出这个过渡时期大约需要 10 年、15 年或 20 年时间的设想。1951 年前后，党内形成了用三个五年计划周期即 15 年时间搞工业化建设，然后再向社会主义制度过渡的共识，后来这个时间被大大缩短，只用了一个五年计划周期便"完成"了从新民主主义制度形态到社会主义制度形态的转型。这个转型对政治经济制度产生的影响主要可以从内容和形式、治理结构和治理能力方面去分析。从社会主义改造的内容以及政府治理结构看，社会主义改造对民主政治的建立和发展起到积极促进作用。从政府治理能力看，新民主主义新秩序尚未巩固就转入社会主义制度形态，使民主政治与市场制度的张力得不到有效释放。快速对农业、手工业、私人工商业进行改造，过早简单化地取消了多种经济成分，忽视制度的多样性和灵活性，在广大政府干部中滋生了急于求成的浮躁心态，跑步前进的工作惯性和一维化、一刀切的思想方法，为独断专行、官僚主义、形式主义提供了制度温床，为超越发展阶段、违背社会规律的恶行打开了政治通途。因此，政治制度从新民主主义形态到社会主义形态的转型是一次血与火的洗礼，既孕育了民主政治的"新生婴儿"，又埋下了抑制民主和市场的"遗传基因"。

　　从"以阶级斗争为纲"到以经济建设为中心的转型，实现了社会主义民主政治的觉醒。1956 年 9 月，党的八大确立了对国家社会主要矛盾的正确认识，提出集中力量发展社会生产力。一年后，在 1957 年 9 月就改变了党的八大关于社会主要矛盾的论断，认为中国社会的主要矛盾仍然是无产阶级和资产阶级的矛盾、社会主义道路和资本主义道路的矛盾。1978 年党的十一届三中全会重新认识到社会主要矛盾是人民群众日益增长的物质文化需要同落后的社会生产之间的矛盾，果断停止"以阶级斗争为纲"，把全党工作重心和全国人民的注意力转移到社会主义现代化建设上来，坚持"以经济建设为中心"，从而实现了中国近现代历史上最具深刻意义的转折。历史从这里再次拐弯，走上解放思想、实事求是的思想路线，破除长期阻滞党和国家重心转向现代化建设的政治路线和思想桎梏，消解干部、群众对发展生产力和不断满足人民物质和精神生活需要问题的种种困惑、疑虑甚至恐惧。思想解放给社会发展带来无限的活力和创造力，中国迈上改革开放道路和迈入社会主义现代化建设新时期。经过 40 多年的改革开放和现代化建设，中国经济和各方面发展取得举世瞩目的成就。事实证明，从"以阶级斗争为纲"到以经济建设为中心的转型，是民主政治制度的一次破茧成蝶、凤凰涅槃、浴火重生，在一定程度上修复了经济生态，激发了社会活力。

　　从计划经济体制到社会主义市场经济体制的转型，开启了社会主义民主政治与社会主义市场经济融合之途。计划经济体制是将社会中的各种资源包括经济资源和人力资源统一安排到政府制定并实施的计划调节范围内进行管理和运行的制度形态、制度体系。计划经济体制条件下的政治制度的基本特征，一是把经济社会主体置于政府部门附属物的地位，企业既不能自主经营，又不能自负盈亏，生产什么、生产多少、谁来生产、如何销售以及经济社会的发展方向等都由国家计划所决定、分配和调控。二是把政府的职能确定为以微观管理为主、以审批为主、以直接干预为主。三是把政府机构设置为以行业管理为主（条条管理），上下层级政府之间机构"同构性"强（上下一般粗）。四是政治生活绝大部分领域被行政化，事业单位没有真正的独立法人地位，公民缺少私人的公共空间。五是政治与行政管理过度意识形态化，本应独立行使的专门性、专业化、执行类管理权被整齐划一的政治管理体制吞噬。这种计划经济体制在改革开放的进程中逐步被解构，取而代之的是社会主义市场经济体制。1992 年，邓小平在南方谈话中提出要建立社会主义市场经济体制，党的十四大正式提出建立社会主义市场经济体制的目标。到2010年"十一五"规划完成，我国基本建立起社会主义市场经济体制。在这个制度条件下，社会主义的优越性同巨大市场的优势结合起来，既使民主政治制度展现出空前的生命力，又使经济活动遵循价值规律运行。这种管理体制形成了政治制度科学化、民主化、法治化、现代化，推进形成国家治理体系现代化的新格局、新态势。因此，这次重大转型，标志着民主政治与市场经济的全面融合，实现了历史性的飞跃，标志着经济社会各领域政治生活、公共生活的正常化，催生了中国特色社会主义制度全面崛起。

社会主义民主政治与市场经济融合发展，是社会主义民主政治与社会主义市场经济制度的融合，是中国特色社会主义伟大实践创造的最新成果。这种制度融合的内在机理和内生要求，主要是由政治制度本质机理、新型国家治理机理、时代主题认知机理决定的。

我国民主政治制度的本质特征集中体现为中国共产党的领导、人民当家作主、依法治国三者有机统一。这三者有机统一也完全符合中国特色社会主义市场经济发展的根本要求。所谓"有机统一"，就是在逻辑、历史、现实中体现前后一致性和相互嵌入性。在经济体制领域，我国按照政府调控市场、市场引导企业的逻辑，不断深化经济体制改革，发挥市场在配置经济资源中的决定性作用和更好地发挥政府服务作用；在政治体制中，就要按照党的领导、人民当家作主、依法治国有机统一的逻辑，深化政治体制改革，发挥法治在配置政治资源中的决定性作用和更好地发挥党的领导作用。民主政治与市场经济的融合起到加强和改善党的领导，实现人民当家作主和建设法治国家、法治政府、法治社会有机统一的载体作用。

当前，我国全面深化改革的总目标是完善和发展社会主义制度、推进国家治理体系和治理能力现代化。习近平总书记指出，治理和管理一字之差，体现的是系统治理、依法治理、源头治理、综合施策，要更加注重联动融合、开放共治，更加注重民主法治，增强改革的系统性、整体性、协同性。将民主政治与市场经济这两个方面的制度体系加以融合，实际上就是把政治与经济、德治与法治、管理与服务、常态工作与应急工作等这些在以往看来是分而治之的领域加以整合，实现制度供给和资源配置的一体化。这是现代治理的必然要求，也是治理现代化的实现路径。

正确判断一个时代的主题，善于用好和平与发展的时代机遇，是政策制定和制度创新的基础。早在 1977 年邓小平就高瞻远瞩地指出："国际形势也是好的。我们有可能争取多一点时间不打仗。因为我们有毛泽东同志的关于划分三个世界的战略和外交路线……所以，可以争取延缓战争的爆发。"此后，邓小平和党中央提出"和平与发展是当代世界两大主题"的重要论断。在改革开放的每一个重要关口，我们党都要反复强调这一重要论断。习近平总书记在党的十九大报告中指出："世界正处于大发展大变革大调整时期，和平与发展仍然是时代主题。"始终坚持、多次重申、不断丰富这个对国际大势和时代走向的判断，抓住和用好战略机遇期，是掌握加快我国发展主动权的关键一招。基于这样的认识，我们在民主政治建设和市场经济中注重把基层探索的经验加以总结和提炼，把群众证明为好的制度牢牢扭住，保持下去，不为风吹草动所扰，一心一意谋发展。基于这样的认识，我们正确处理抓住机遇与应对挑战的关系，善于识别风险，不夸大风险，不畏惧危机，增强防范风险和控制局面的能力。在时代主题问题上所形成的共识，已转化为强有力的物质力量，连续数十年的改革开放形成了强大的综合国力和国际竞争力，为我们进一步发展提供了雄厚的基础。

政治制度本质、新型国家治理、时代主题认知这三个方面，构成了发展主体、发展战略、发展策略相互均衡的制度供给体系，形成了具有鲜明时代特色的中国民主政治建设和市场经济制度的"双螺旋结构机理"，这是我们取得一系列重大成就的创新源泉。

◎**陈潭**：2015 年 1 月，我们广州大学团队出版了颇受社会好评的学术畅销书《大数据时代的国家治理》，你还专门为该书写了书评，请问如何看待大数据技术与政府变革的关系呢？

◎**高小平**：你牵头写作的《大数据时代的国家治理》一书，是国内第一部专题研究大数据与国家治理、政府治理、社会治理之间关系的专著，我拜读了之后很受启发，写了一些体会。这得感谢你。

我觉得大数据技术的产生，是人类发展史上一次哥白尼式的革命。人类社会产生了社会分工，并形成了针对分工这一社会现象的相关国家制度、政府制度、组织制度、管理制度等，这是第一次制度革命；人类在分工的基础上建立了市场经济，并形成了针对市场这一现象的相关制度，如市场监管制度、公平竞争制度、反垄断制度、反贸易壁垒制度等，这是第二次制度革命；现在出现了大数据，它和市场有什么关系呢？市场经济是受价值规律支配的，看似毫不相干的几十亿的生产者与几百亿的消费者，他们之间靠市场的价值规律紧密联系，差异化的个人需求演化为生产者和消费者的价格信号，使之产生了奇妙的关联，好像有什么显灵一样，人们生产也好，消费也好，冥冥之中都受到价值规律的鬼使神差。市场经济有着极为巨大的力量，它把一穷二白的国家、濒临崩溃的经济几乎在一夜之间变了个大模样。这就是第二次制度革命的伟大意义。现在正面临第三次机遇，信息、数据带来的机遇。20多年前，我们对信息的认识是"资源"，你有一个信息，我有另一个信息，你我的信息交换一下，这样的交换有别于商品交换，原来的给了别人，失去一个，得到一个。信息交换不是这样，交换后得到两个。所以信息不是简单的"资产"，而是能创造资产的"资源"。现在很多人也把大数据看作资源，这肯定是对的，但大数据绝不仅仅是资源，或者说，客观存在的大数据本身是一种资源，而大数据技术则是一种"制度"，是类似于市场制度的一种社会制度，是比市场制度影响范围大得多、深得多的制度，因为市场制度主要是在经济领域发挥作用，而大数据是对全部社会生活产生广泛而永久影响的。比如对政府而言，大数据可以更加精准地划分政府职能、市场功能、社会功能的边界。对于企业而言，大数据可以更加细分产品市场份额和发展前景。对于个人而言，大数据可以解决人类苦恼几千年的"人最大的敌人是自己"的问题，因为"我是谁"这个问题到目前为止，很多人是把它还给了上帝。而大数据恰恰可以让你自己更清楚地认识自己，认识一个你所不知道的自己。再则，大数据技术一旦形成，它的制度功能与以往的制度功能不同，是不需要人为地建立、推广、执行的，以前的制度如果政府坚决不用，也无可奈何，比如不搞市场经济，你一点辙都没有。而大数据则不同，它是会自动发挥功能的，具有自主行动能力，你可以引导它、促进它，或延缓它的应用，却无法完全阻滞它的发展。大数据技术在把分散无规则的数据进行整合的过程中，便类似市场制度、价格形成机制一样，转化为社会决策资源、政府管理资源、个人生活资源，并成为刚性的制度。

当前行政体制改革的一个显著特征是把简政放权与加强管理、优化服务结合起来，既要放得彻底，又要管得到位，还要把落脚点放在提高服务水平上。面对日渐增多的海量信息，政府部门可以通过改进对大数据资源的利用方式，提高信息使用频率，建立以公众需求为导向的信息化平台，实现放和管的良性互动。大数据科技的兴起，是当今信息技术与经济社会的交融发展，引发文字、数字、图像、视频等数据迅猛增长的产物。世界上很多国家已把数据作为基础性战略问题加以重视。在政府行政体制改革、日常管理和公共服务领域中应用大数据，是落实创新发展理念的必然要求，对于加快转变政府职能，提升政府现代治理能力，具有重要意义。行政管理要实现科学化、现代化，离不开智能化。推进行政体制改革、深化简政放权，要充分发挥现代信息技术的推动作用，打通"信息孤岛"，推行"互联网＋政务"服务，实现部门间数据共享。

因此，大数据的资源属性和大数据技术的制度属性的内在逻辑决定了，一旦政府应用大数据来推动变革，就会有强大的改革动力。在当前就可以直接推进简政放权、放管结合、优化服务的改革。

◎陈潭：大数据推动简政放权比较容易理解，比如应用大数据来筛选行政审批项目，可以发现哪些审批是可以裁减的，哪些审批是应该合并的，哪些保留的审批是需要进行流程再造的，等等。但如何促进"放管结合"，这个方面想听听你的意见。

◎高小平：大数据对政府监管的作用主要体现在三个方面。一是强化一体化监管。以往政府监管方式往往采取审查企业报表、发现问题或是出了问题再去检查整顿的手段，难以实现监管的全面有效覆盖。大数据技术可以揭示事物、信息之间的关联关系，将企业生产经营、销售物流、检验检测领域的数据自动汇聚到分析系统中，政府部门便可以随时掌握企业违法失信、投诉举报、消费维权等信息，预警市场的不当行为，提升政府的风险防范和应急响应能力，将管理方式由"人盯事""一对多"，变为"大数据盯事""多对一"，大大提高了监管的覆盖率和效能。按照国家治理能力现代化的要求，有效的监管需要多元主体的共同参与。目前我国各级政府部门手中都掌握了海量的信息数据资源，但开放不足、利用不充分、效率低的问题相当突出。政府要按照放管结合的要求，进一步加强政府信息公开工作和数据开放的力度，除涉及国家安全、商业秘密、个人隐私的信息外都应向社会开放，积极运用大数据、云计算、物联网等信息技术，消除信息"死角"，使"守信者一路绿灯，失信者处处受限"。这不仅有助于维护市场秩序，也将倒逼政府自身改革，尽快实现大胆放权搞活与严格监督管理有机统一、相互促进的良性循环。

二是创新行政管理方式。转变政府职能要以促进社会公平正义、增进人民福祉为出发点和落脚点，这就要求政府不断创新行政管理方式，提高管理质量和水平，更好地满足人民群众日益增长的需求。大数据所体现的现代信息技术，不仅为政府提供了决策层面的技术支持，而且由于其不断融入行政组织的基础性制度和工作机制之中，有助于创新政府执行方式，提高贯彻落实政策的能力。比如，运用互联网和大数据技术，开通建设投资项目在线审批，做到全透明、可核查，让信息多跑路、群众少跑腿。大数据技术还可以促使政府流程再造，从过去单向的自上而下管理转向多维度的协同治理，将监管措施融入服务行为之中，增强监管的实时性，使其更加人性化。在政府绩效管理中运用大数据技术，将有助于解决外部评估信息不对称、指标权重设计不科学等问题，更好地发挥绩效管理在治理行政不作为、慢作为、乱作为中的作用。

三是推动行政管理精细化。要把"工匠精神"引入政府管理，对自己的产品——管理和服务做到精益求精、极致严谨、追求完美，这就需要提升行政管理的精细化、精准化、标准化程度。进入攻坚期的"放管服"改革，会涉及很多利益格局的调整、权责关系的重塑、管理模式的再造、工作方式的转型，任何一个方面一个环节出了问题，都会影响改革成效。大数据技术的运用将大大强化政府工作的问题导向、需求导向和目标导向，设计出"行简政之道、革烦苛之弊，施公平之策、开便利之门"的方案来。近年来，很多地方和部门探索实施数字化、网格化城市管理，建设智慧城市、智慧社区、智慧村庄，通过收集和分析城市、乡村的各种数据，建立以"人、地、物、事、情、房和组织"为核心的基础信息数据库。这将克服运动式和突击式执法以及服务效率低的弊端，从被动管理的模式转变为前馈式管理模式，做到小事用"微服务"在网格中完成，大事靠"一站式"在基层解决。

◎**陈潭**：大数据如何促进政府优化政务服务呢？

◎**高小平**：将大数据运用到政府治理中，可以推动简政放权、放管结合与优化服务的统一，加快服务型政府建设，为人民群众提供比较充裕的公共产品和优质高效的公共服务。

在促进大众创业、万众创新中运用大数据，有助于提高政府服务"双创"的效率。政府通过大数据可以了解"双创"政策落地成效，反馈和诊断"最后一公里"症结所在，聚焦"痛点"，瞄准"堵点"，有针对性地为公民创办企业服务，为企业松绑减负，营造亲商氛围，更好地为创业创新清障搭台。例如，对于有创业意愿的公民特别是年轻人，政府可借鉴大数据商业推广模式，定向推送相关同行业数据、市场竞争态势和创业经验，帮助其分析创业的可行性和风险，向其提供权威的注册登记、市场准入等商事管理制度规定和优惠政策，告知便捷可靠、个性化的服务措施，促进其将意愿转化为行动。在推广政府和社会资本合作的领域，依托"互联网＋政务"，可以多渠道提升公共服务共建能力和共享水平，让投资者办事更方便、收益更满意。在优化服务中还有很多细节可以应用大数据技术，如当消费者走进存在不良卫生记录的餐馆时，政府可以自动向其移动终端发送"别在这里吃饭"的短信、微信提醒，让消费者"用脚投票"，督促企业整改。

将大数据运用到政府工作中，还有助于建立"纠错""容错"机制。优化政府服务重在创新，但创新存在风险。在传统的行政管理组织架构中，决策的信息来源通常需要经过漫长的传递链条，具有"牛鞭效应"，即信息链条越长，传递过程中的层次越多，信息被人为修改处理的概率就越大，信息失真即偏离原始信息的概率也就越大。如果依据不准确的信息做出"创新"决策，很可能导致失误。大数据技术的应用，将信息的"获取—传递—处理—分发"运行轨迹修改为"采集—传递—分析—应用—反馈"的数据流程，高效的信息集成技术、数据分析技术，以及"数据混搭"技术，能够对不科学、不正确的决策及时做出反馈性提示，改变政府决策的传统正向思维范式，提高政策出台后可能出现的社会风险预判能力，把决策失误提前到事先，纠正在决策过程中。当前，一些干部因担心风险而不愿创新，这需要建立一套"容错"机制，保护和鼓励创新。大数据可以通过海量舆情分析，评估改革创新的必要性、民意认可程度、探索失败的价值，及时消除负面影响，让改革创新者感觉到有依靠，释放出更多的工作活力。当然，容错不等于"无限度宽容"，更不等于可以胡来，要防止拍脑袋决策和"任性拍板"。大数据有助于划清"容错"与"无限度宽容"之间的界限，形成激励创新与容错纠错的平衡机制，坚定广大领导干部改革创新的决心，增强推进改革创新的底气和勇气。

◎**陈潭**：你的研究成果颇多，出版了《现代行政管理学》《行政学》《政府生态管理》《中国最后的状元相国——陆润庠》等多部著作，发表了百余篇学术论文。请问你在治学生涯中有哪些经验能给我们分享？对于新生代青年学人有何期许？

◎ **高小平**：我做学术研究工作纯属半路出家，"治学"谈不上，还在"求学"阶段。但做了几十年文字工作，也有些体会。比较突出的一点就是"方法比知识更重要，兴趣比功夫更管用"。

我在大学二年级时，上中国哲学名篇选读课，老师要求写一篇作业。我写的是用范畴的方法来研究中国古代哲学，得出一个可能是谬误的结论，即中国古代先哲过分关注伦理问题，而理性思维不足，与西方哲人相比，范畴发育不健全，抽象思维力不强。这篇学年论文竟得到老师（著名的中国哲学史、无神论研究专家王友三先生）的表扬。他在课堂上说："这次作业有两位同学的文章写得最好，一位是刘尚为，另一位是高小平。"他还说："高小平用很有特色的方法研究中国古代哲学，我并不完全同意他的结论，但是欣赏他的思路。我们学习哲学就是要大胆运用独特的方法，去探究新知。"当天晚上，宋龙祥就跑到我宿舍，要看我的作业。王老师对我的肯定，成为我在学业上前进的动力。这件事也让我懂得了一个道理，学习知识的方法比学习知识本身更重要。虽然作为学生，掌握的知识并不多，但只要运用合适的方法，就可能在科学研究上有所发现。大学三年级时，我写了一篇13000多字的论文《从费尔巴哈的"类"到马克思的"社会"》（1982年《江苏师院学报》第2期发表，是我公开发表的第一篇论文）。我运用范畴分析方法，对马克思历史主义哲学观的逻辑体系进行研究，认为马克思批判地继承了费尔巴哈哲学的最高范畴"类"，创造性地提出历史唯物主义的最高范畴"社会"，也就是说，马克思由于提出"人的本质是社会关系的总和"，而实现了"人类学"研究的革命，又由于提出构建"自由人的联合体""人与自然、人与人和谐的社会"，而实现了"历史哲学"的革命。事后，我在公务之余，还和同学陈建明联合写了不少"豆腐块"文章，如《社会与我》（1982年）、《假如社会失去这些"真正的花朵"》（1983年）等，都是运用马克思主义方法论研究社会问题的。2005年我和另一位作者合作写的《危机管理方法论初探》也属于这个领域，引用率比较高。

对于写作，一些文科出身的同志会觉得小菜一碟，无须另外学习；一些从理工科转到社会科学研究的学者、一些擅长做定量研究和统计分析的学者，常常不太重视文字基本功，以为只要有模型和方法，有数据和案例，写论文就很容易，画几张图纸，填几个表格，拉几条曲线，再用一些毫无生命的语言将其连接起来，就是一篇论文。这是一种误解。公文、论文、学术著作等，都是由文字组成的，除了儿童读物以图画为主，任何其他读物都是以文字为主，图表很难独立存在，都需要用有活力的文字加以连接和阐述。文字乃文化的细胞。做学问不重视文字功夫、文字能力，有点舍本求末的味道。写作是既枯燥又累人的"活儿"，怎么培养兴趣呢？我的体验是，变枯燥为有趣，化腐朽为神奇，关键在于掌握文字"三境界"。

第一个境界是"推敲文字"，就是大家熟知的对文字的反复琢磨、斟酌。唐朝著名诗人贾岛是"推敲"的发明者。他钟情于文字，曾有过用几年时间做一首诗的极端例子。他初次到京城参加科举考试时，在路上正琢磨着一首诗："闲居少邻并，草径入荒园。鸟宿池边树，僧推月下门……"他对"僧推月下门"这句总是不满意，到底是用"推"还是"敲"描写月下门前的动作最贴切、最形象呢？恰逢当时京城最大的地方官（京兆尹）也是大学者韩愈的车队经过。贾岛骑着驴居然闯进了车队。韩愈问他为什么闯进来。他说由于反复比较"推"还是"敲"用哪个字更好，一时犯迷糊。韩愈说，还是"敲"更好，有动感与声音的双重效果，"推"就只有动作、没有声音……他们竟然在路上讨论起来，后遂结为"布衣之交"，贾岛也成为著名的文学家。在公文和论文写作中，多推敲，是第一步，在推敲中尝到甜头，是第一个收获。不推敲绝对出不来好字词，还会出差错。即使没差错，也出不来好句子，写不成好文章。反过来说，推敲出来一个好词，一个佳句，其乐无穷。

第二个境界是"激扬文字"。淮南王刘安说：阴阳相薄为雷，激扬为电，揭示出激扬之威，力如同雷电。杨朔在《雪浪花》中把新社会比喻为被"激扬起来的时代大浪潮"，他写道：老泰山恰似一朵浪花，跟无数浪花集到一起，形成这个时代的大浪潮，激扬飞溅，早已把旧日的江山变了个样儿，正在勤勤恳恳塑造着人民的江山。我们熟知的，毛泽东有著名词句：指点江山，激扬文字，粪土当年万户侯。推敲，主要解决的是准确性问题、出亮点问题；激扬，则可以解决力度问题、光耀一片的问题。由推敲文字的爱好提升到激扬文字的能力，是思想性的体现，需要凝练、聚焦、站位更高。假如说，用"推敲"的方法写日出，可以有精准的时间，可以写出斑斓绚丽的色彩，可以写出每一天升起的太阳与往日的不同，但是经过"激扬"的文字，犹如泰山顶上的一轮日出，任何人类平凡的语言都无从描述或概括，以自然界超人的力量喷薄于文，流芳于世。

第三个境界是"把玩文字"。汉朝有个文人叫陈琳，他在形容接到魏文帝给他的谕旨之后的情形时写道："得九月二十日书，读之喜笑，把玩无厌。"因为他和魏文帝有很深的友谊，故把皇帝的信叫作"书"。有个研究文物和古玩的刊物《把玩》，其办刊宗旨为：四季如常，人生过客，忘却劳顿，享受生活，找好玩的人，玩好玩的事；好玩，还要玩好，把玩的是心情，把玩无聊的日子，发现生活的乐趣。讲清楚了什么叫"把玩"。如果说推敲、激扬都能在西方的文字历史文化中找到对应的词语和意境，那么把玩就难以找到对应的词语了，因为里面蕴含了太多的中国元素，犹如尘封久远的一坛老酒，怎么与洋酒做比较？把玩是需要很高的文化涵养、很深的文化积淀的，不是谁都可以对文字进行把玩的。一旦将自己的文字当成"把玩"的对象，就能领略到无穷无尽的乐趣，就会产生常写常新、学无止境、越写越想写的冲动，文字、文才、文采的魅力也就自然流淌出来。这个时候，写作能力、文字水准一定会得到更快的提升。因为这个时候你已经从掌握写作方法进入树立方法论的高度，成为与"三观"等量齐观的人的全面素质的一部分。

◎**陈潭**：谢谢你接受采访。限于时间，有些话题没有展开，还有一些大家关心的话题未曾涉及，希望有机会再与你交流。

◎**高小平**：谢谢你！祝愿《南方治理评论》越办越好！祝愿大家心想事成！

《南方治理评论》稿约

【辑刊宗旨】

《南方治理评论》秉持"培育公共精神，直面转型中国，诠释社会热点，扩展学术深度，贴近重大需求，服务国家治理"办刊宗旨，追求"本土化、专业化、个性化、国际化"办刊方针，崇尚原创研究、微观研究和深度研究的学术精神。《南方治理评论》立足广州，放眼世界，试图在中国繁杂的地方语境下运用本土话语体系着力解读"地方性知识"和"日常性逻辑。

《南方治理评论》倡导告别那种脱离现实生活玄虚的致思方式，以关注现实、关怀民生的学术伦理和脚踏实地、开拓创新的学术精神立足公共生活、直面中国现实问题，从而确立中国国家治理和地方治理本土化研究的问题意识、研究旨趣和学术路向。

【辑刊形式】

《南方治理评论》（South China Governance Review）始创于2013年，CNKI来源集刊，原名《广州公共管理评论》，由广州大学和广州市社会科学界联合会主管、广州大学南方治理研究院和广州市智慧治理研究中心主办、社会科学文献出版社出版的连续性学术辑刊。自2019年开始，辑刊每年出版2辑。辑刊特邀国内外著名学者作为采稿顾问和审稿专家，严把学术质量关，对投稿论文采用匿名评审制度，在思想性、学术性和规范性上得到了快速提升，受到公共管理、政治学、经济学、社会学等学者的高度认可。

【辑刊栏目】

《南方治理评论》主要设置有"学术一线""政务中国""公共政策""数字治理""灾害治理""贫困治理""南方报告""珠江书评""名家访谈"等特色栏目。研究内容包括国家治理、公共管理与社会事务等各个领域，涉及公共行政、公共政策、数据治理、灾害治理、危机管理、社会保障、廉政研究、电子政务、NGO 治理、绩效评估、网络治理等议题。

【投稿须知】

本集刊投稿以中文为主，被录用的外文文章由编辑部负责翻译成中文、由作者审查定稿。仅接受首发稿件，不接受一稿两投。编辑部在收到稿件之后三个月之内给予作者答复。稿件如被录用，将以稿酬致谢作者。

【联系方式】

通信地址：广州市大学城外环西路 230 号文逸楼 512 室《南方治理评论》编辑部

邮政编码：510006

稿约邮箱：gdgzpar@163.com

投稿网站：http://iedol.ssap.com.cn/（注册后，选择"社会政法"中《南方治理评论》）

《南方治理评论》编辑部

《南方治理评论》体例

一、投稿要求

本集刊投稿论文不应违反国家有关法律法规，并有较高学术水平，符合学术规范。稿件应该以研究性论文为主，字数以 10000～20000 字为宜。同时，欢迎理论综述（8000～15000 字）、书评论文（8000～12000 字）。

二、格式要求

（一）全文采用 Microsoft Office 软件编排；如打印，请用 A4 纸输出。文章标题为四号宋体（14 磅），一级标题为小四宋体（12 磅），正文内容以及其他标题为五号宋体（10.5 磅）、单倍行距编排，页边距上、下、左、右均不小于 2.54 厘米。摘要和关键词为楷体小五号（9 磅），参考文献和注释为宋体小五号（9 磅）。

（二）稿件首页包括：中文标题、作者有关信息，包括姓名、所在单位、通信地址、邮政编码、联系电话、电子邮件，以及 300 字以内的作者简介。

（三）稿件次页包括：中文标题、英文标题、中文摘要（300 字以内）及中文关键词（3～5 个）、英文摘要（300 字以内）及英文关键词（3～5 个）。稿件获基金、项目资助，须注明（包括项目编号）。

（四）正文内各级标题一般从大到小依次为："一""（一）""1.""（1）""①"等。一、二、三级标题各独占一行，其中一级标题居中，二、三级标题缩进两个字符左对齐；四级及以下标题后加句号且与正文连排。

三、体例要求

稿件中凡采用他人研究成果或引述，应在正文中采用括号注与文末列参考文献形式予以说明。以下将按照正文引用、正文注释、文末参考文献三部分加以具体说明。

（一）正文引用

1. 关于期刊文章和著作的引用，在引文后以圆括号注明作者名（中文名字标注名与姓，外文名字只标注姓）、出版年份及页码。如引文之前已出现作者名，则在名字后直接用圆括号注明出版年份与页码。

例1："×××……"（Waldo，1948：25－27）

例2：夏书章（2003：3）认为"×××……"

引用《马克思恩格斯全集》《毛泽东选集》等丛书、套书类作品时，文内可以标注为：（《毛泽东选集》第1卷，1991：24－58）

2. 正文中被引用期刊文章或著作作者超过3位（包括3位）的，只列第一作者，中文文献后加"等"，英文文献后加"et al."；引用相同作者同一年份内不同文献，则按照文中出现先后顺序，在年份后标出小写英文字母顺序；引用论文集文献，直接注明作者姓名，不必另标出文集主编姓名。

3. 引用同一作者同一年份的不同期刊文章和著作，可在年份后加a，b，c……区分，如（韦伯，1949a：37－68）、（韦伯，1949b：34－79）。引用多种文献时，用分号作区分，比如（韦伯，1949a：37－68；马克思，1956：37－68）。引用两个作者所著的同一种著作时用顿号隔开，比如（布迪厄、华康德，2004：39）。

4. 引用报纸、转引文献、未刊文献（例如学位论文、会议论文）、档案文献、电子、网上文献等规范如下。

报纸引用：（责任者，出版年）

转引文献：（责任者，出版年：引用页码）

学位论文：（责任者，出版年：引用页码）

会议论文：（责任者，会议召开时间）

档案文献：（《文献题名》，文献形成时间）

电子、网上文献：（责任者，出版时间：引用页码）

5. 引用原文文字过长（一般为三行以上）时，须将整个引文单独成段，并左缩进两个字符。段落字体为5号楷体，不加引号。

（二）注释

不宜在正文中出现但需要进一步澄清、引申的文字，采用当页脚注，用①、②、③……标注，每页重新编号。

（三）参考文献

1. 列于正文后，并于正文中出现的括号注一致，同时按照中文、英文依次排列。中文顺序按照拼音音序排列，英文顺序按照姓氏字母顺序A到Z排列。如果有三个或者更多的作者时，应详细列出。

2. 中文参考文献排列以姓氏音序排列，体例如下。

专著示例：侯欣一，2007，《从司法为民到人民司法——陕甘宁边区大众化司法制度研究》，中国政法大学出版社。

译著示例：韦伯，马克斯，2010，《新教伦理与资本主义精神（罗克斯伯里第三版）》，苏国勋、覃方明、赵立玮、秦明瑞译，社会科学文献出版社。

析出文献示例：黄源盛，2007，《民初大理院民事审判法源问题再探》，载李贵连主编《近代法研究》第 1 辑，北京大学出版社。

期刊示例：林建成，1997，《试论陕甘宁边区的历史地位及其作用》，《民国档案》第 3 期。

报纸示例：鲁佛民，1941，《对边区司法工作的几点意见》，《解放日报》11 月 15 日，第 3 版。

转引文献示例：章太炎，1979/1925，《在长沙晨光学校演说》，转引自汤志钧《章太炎年谱长编》下册，中华书局。

学位论文示例：张太原，1997，《论陈序经"全盘西化"观的理论基础》，硕士学位论文，北京师范大学历史系。

会议论文示例：中岛乐章，1998，《明前期徽州的民事诉讼个案研究》，国际徽学研讨会论文，安徽绩溪。

档案文献示例：《关于边区司法工作检查情形》（1943 年 9 月 3 日），陕西省档案馆藏陕甘宁边区高等法院档案，档案号：15/149。

网上数据库示例：邱巍，2005，《吴兴钱氏家族研究》，博士学位论文，浙江大学。据中国优秀博硕士学位论文全文数据库：http：//ckrd. cnki. net/grid20/Navigator. aspxID = 2。

网上期刊示例：王巍，2010，《夏鼐先生与中国考古学》，《考古》第 2 期。http：//mall. cnki. net/magazine/Article/KAGU201002007. htm，最后访问日期：2012 年 6 月 3 日。

其他网上资料引用示例：张康之，2006，《超越官僚制：行政改革的方向》，人民网，http：//theory. people. com. cn/GB/40764/55942/55945/4054675. html。

3. 英文参考文献以姓氏字母排列，如果多于两位作者时，第一作者应该按照"姓，名"的格式，第二及后序作者按照"名姓"格式，作者间以逗号隔开，最后一位作者名称前需加"and"，具体体例如下。

独著示例：Pollan, Michael. 2006. *The Omnivore's Dilemma: A Natural Histo-*

ry of Four Meals – (New York: Penguin) .

合著示例：Ward, Geoffrey C. , and Ken Burns. 2007. *The War: An Intimate History, 1941 – 1945* – (New York: Knopf) .

期刊文章示例：Kossinets, Gueorgi, and Duncan J. Watts. 2009. "Origins of Homophily in an Evolving Social Network. "*American Journal of Sociology* 115: 405 – 450.

主编和副主编、编撰、编著示例：Lattimore, Richmond, eds/trans. 1951. *The Iliad of Homer*. Chicago: University of Chicago Press.

译著示例：García Márquez, Gabriel. 1988. *Love in the Time of Cholera*. Translated by Edith Grossman. London: Cape.

章、节或者文集中的文章示例：Kelly, John D. 2010. "Seeing Red: Mao Fetishism, Pax Americana, and the Moral Economy of War. "In *Anthropology and Global Counterinsurgency*, edited by John D. Kelly, Beatrice Jauregui, Sean T. Mitchell, and Jeremy Walton, pp. 67 – 83. Chicago: University of Chicago Press.

报纸杂志文章示例：Mendelsohn, Daniel. 2010. "But Enough about Me. " *New Yorker*, January 25.

数字出版物示例：Kurland, Philip B. , and Ralph Lerner, eds. 1987. *The Founders' Constitution*. Chicago: University of Chicago Press. http: // press – pubs. uchicago. edu/founders/.

未出版论文示例：Choi, Mihwa. 2008. "Contesting Imaginaires in Death Rituals during the Northern Song Dynasty. "Ph. D diss. , University of Chicago.

会议论文示例：Adelman, Rachel. 2009. " ' Such Stuff as Dreams Are Made on' : God's Footstoolin the Aramaic Targumim and Midrashic Tradition. " Paper presented at the Annual Meeting for the Society of Biblical Literature, New Orleans, Louisiana, November 21 – 24.

网站资料示例：McDonald's Corporation. 2008. "McDonald's Happy Meal Toy Safety Facts. " Accessed July 19. http: // www. mcdonalds. com/corp/about/ factsheets. html.

（四）表格和插图

表格由表题（包括表序和表名）、表头（即栏目）、表身（即说明栏）、表注组成。表格按照先见文内表序后见表格本身的原则编排。表格一般采用三线表形式。其中顶线和底线为粗线，其余线为细线。续表必须加排表头，右上方标注"续表"二字。和合表必须双页跨单页排。表内项目栏中的隶属关系要清晰，小项目要缩格排。表中数字一般以个位数对齐或小数点对齐排。表内"空白"代表未测或无此项，"—"或"…"代表未发现，"0"代表实测结果为零。表题一般用小五号黑体，表身用小五号或六号宋体。表序与表名间空一格排。如果表序是双层序号的，中间加半字线，如"表 1 – 1"，不可用浪纹。表内注释原则上用星号（＊）表述，遇有特殊情况，也可用其他形式，但要求全书统一。注文直接排在表下，不可与正文注释混同编排。资料出处亦直接排在表下，用六号宋体。表注在前，资料出处在后。文内避免使用"从上表可见"之类的文字，应用"从表 1 – 1 可见"，或"（见表 1 – 1）"。表中表述的信息应与正文表述一致。引用他人表格，需注明完整的信息和数据来源，并按照全书统一的注释项目编排。

插图分随文插图和插页图两种。随文插图的位置要根据设计标注核对准确。要特别注意插图与正文内容的衔接，图的位置一般不要超前，按先见文后见图的原则编排，可以略微拖后，但不能超越本节范围。串文的插图，不论单双页一律放在版口。说明文字一般排在图下或图的侧面，要特别注意核对图与文是否配套，防止张冠李戴。图中的"注释"应为"说明"。文内避免使用"上图表明"之类的文字，应用"图 1 – 1 表明"或"（见图 1 – 1）"。插页图一般不排页码，也不计页码。插页图必须插在正文双页码之后。

图书在版编目（CIP）数据

南方治理评论. 第 8 辑 / 陈潭主编；彭铭刚，刘建
义副主编. -- 北京：社会科学文献出版社，2022.12
ISBN 978 - 7 - 5228 - 0660 - 0

Ⅰ.①南…　Ⅱ.①陈…②彭…③刘…　Ⅲ.①地方政
府 - 公共管理 - 广州 - 文集　Ⅳ.①D625.651 - 53

中国版本图书馆 CIP 数据核字（2022）第 167337 号

南方治理评论（第 8 辑）

主　　编 / 陈　潭
副 主 编 / 彭铭刚　刘建义

出 版 人 / 王利民
组稿编辑 / 宋月华
责任编辑 / 韩莹莹
文稿编辑 / 赵亚汝
责任印制 / 王京美

出　　版 / 社会科学文献出版社·人文分社（010）59367215
　　　　　　地址：北京市北三环中路甲 29 号院华龙大厦　邮编：100029
　　　　　　网址：www. ssap. com. cn
发　　行 / 社会科学文献出版社（010）59367028
印　　装 / 三河市尚艺印装有限公司

规　　格 / 开　本：787mm × 1092mm　1/16
　　　　　　印　张：12.25　字　数：202 千字
版　　次 / 2022 年 12 月第 1 版　2022 年 12 月第 1 次印刷
书　　号 / ISBN 978 - 7 - 5228 - 0660 - 0
定　　价 / 148.00 元

读者服务电话：4008918866